BLACK-BOX STEUER-POLITIK

:STANDPUNKTE

Julia Jirmann

BLACK-BOX STEUER-POLITIK

Wie unser Steuersystem Ungleichheit fördert. Ein Reformvorschlag

DIETZ

Ein Wort zum Gendern:

Ich unterstütze das Anliegen einer gendergerechten Sprache, die nach Möglichkeit alle einbezieht, anstatt auszuschließen. Mangels einer einheitlichen Form und im Interesse der Lesbarkeit verzichte ich größtenteils auf Sonderzeichen oder Doppelnennung und verwende stattdessen nach Möglichkeit neutrale Personenbezeichnungen. Ansonsten nutze ich im Wechsel die weibliche oder männliche Form im inklusiven Sinne.

Gedruckt auf Recyclingpapier,
Umschlag aus 100 % baumfreiem Papier,
Upcycling aus Zuckerrohrrückständen

Bibliografische Information der Deutschen Nationalbibliothek

Die Deutsche Nationalbibliothek verzeichnet
diese Publikation in der Deutschen Nationalbibliografie;
detaillierte bibliografische Daten sind im Internet
über *http://dnb.dnb.de* abrufbar.

2. überarb. und ergänzte Aufl. 2024

ISBN 978-3-8012-0682-6
Auch als E-Book erhältlich: ISBN 978-3-8012-7062-9

Dreizehnmorgenweg 24, 53175 Bonn
Tel. 0228/18 48 77-0 | info@dietz-verlag.de

Umschlag/Reihengestaltung: Petra Bähner, Köln
Satz: Rohtext, Bonn
Druck und Verarbeitung: Plump Druck & Medien GmbH, Rheinbreitbach

Printed in Germany 2024

Besuchen Sie uns im Internet: *www.dietz-verlag.de*

Inhalt

Steuermythen

Vorwort

Beim Thema Steuern denken die meisten Menschen an ihren Lohnzettel oder die persönliche Steuererklärung. Für viele ist es ein Ärgernis, nach der Gehaltserhöhung zu sehen, dass ein beträchtlicher Teil davon gar nicht auf dem eigenen Konto ankommt, sondern an den Staat fließt.

Dabei dürfte jedem klar sein: Ohne die Differenz zwischen Brutto und Netto gäbe es keine Straßen, Schienen, Schulen, Universitäten, Polizei und auch keine Krankenhäuser. Steuern sind unerlässlich für einen funktionierenden Staat und somit auch für die Wirtschaft.

Wachstum, Wohlstand und Demokratie hängen maßgeblich von der Finanzierung öffentlicher Güter und Leistungen ab, die der Markt nicht ausreichend zur Verfügung stellt.

Die Steuereinnahmen des Staates sind letztlich die Gemeinschaftskasse der Gesellschaft, mit der das alles finanziert wird. Daneben haben Steuern noch eine ganze Reihe ebenso wichtiger Funktionen: Sie sollen Ungleichheiten angemessen ausgleichen, können Anreize für Investitionen setzen und gesellschaftliche Entwicklung lenken.

Trotz dieser essenziellen Rolle stoßen Steuern oft auf Unmut: Zahle ich nicht mehr als genug Steuern? Und werden nicht ständig Steuergelder verschwendet? Müssten nicht nur die Prioritäten richtig gesetzt werden, und dann müssten alle weniger zahlen?

Nur wenige Themen in unserem Alltag sind zudem so präsent und gleichzeitig so von Halbwissen geprägt und von

Mythen durchdrungen wie Steuern. Die aktuelle Forschung attestiert einen weitverbreiteten Steueranalphabetismus. Dieser reiche demnach bis hinein in die Medienlandschaft und die Parlamente.

Das ist ein fruchtbarer Boden für die Lobbyarbeit von Großkonzernen und Vermögenden, die versuchen, ihre Interessen auch gegen die der Allgemeinheit durchzusetzen.

In den letzten 30 Jahren wurde Wirtschafts- und Steuerpolitik von oben gedacht: Hohe Gewinne für Vermögende durch niedrige Steuern und lockere Geldpolitik finden ihren Weg in die Mitte der Bevölkerung bis nach unten, so das Versprechen. Globalisierungsprozesse und zahlreiche Reformen haben in der Folge dazu geführt, dass Superreiche heute teilweise niedrigere Steuer- und Abgabensätze haben als Durchschnittsverdienende.

Das Versprechen aber hat sich nicht eingelöst – ganz im Gegenteil: Trotz wirtschaftlicher Prosperität der vergangenen Jahrzehnte blieb die ärmere Hälfte der Bevölkerung nahezu vermögenslos. Die Gewinne landeten vor allem bei den reichsten Haushalten. Die Kluft zwischen dem vermögenden Teil der Bevölkerung und den ärmeren Bevölkerungsschichten ist gewachsen, und die Mittelschicht ist kleiner geworden. Wichtige Zukunftsinvestitionen bleiben gleichzeitig an allen Ecken und Enden aus.

Viele Menschen in Deutschland nehmen die Gesellschaft zwar als ungerecht wahr und wünschen sich weniger Ungleichheit. Allerdings fällt es ihnen oft schwer, diese in konkrete Reformwünsche zu übersetzen. Steuererhöhungen für große Erbschaften lehnen sie etwa häufig ab, weil sie fürchten, selbst betroffen zu sein. Gleichzeitig wünscht sich die absolute Mehrheit in Deutschland eine Vermögensteuer, lässt sich jedoch schnell von Drohungen über Arbeitsplatzverluste und Kapitalflucht einschüchtern und trägt ihren Wunsch nach einer höheren Besteuerung von Vermögen letztlich nicht an die Wahlurne.

Steuersystem und Staatshaushalt als zentrale Instrumente des sozialen und wirtschaftlichen Ausgleichs sind für viele eine Blackbox. Das war der Ansporn, dieses Buch zu schreiben. Es braucht einen informierten öffentlichen Diskurs über das Steuersystem und die Bedeutung und Wirkung von Steuern.

Unser Steuersystem ist in die Jahre gekommen und es sind große Gerechtigkeitslücken entstanden. Das Buch soll nicht nur die Schwachstellen beleuchten, sondern auch aufzeigen, was jetzt konkret getan werden kann. Das Steuersystem benötigt dringend ein Update: Eine gerechtere Verteilung der Steuerbeiträge, um die Konzentration von Vermögen zu begrenzen und um Veränderungsprozesse, wie zum Beispiel die ökologische Transformation, zu finanzieren und zu steuern.

1
Etwas läuft schief

Wohlstandsversprechen in der Krise

Die Mehrheit der Deutschen glaubt, dass es in unserem Land keine gerechte Verteilung von Wohlstand gibt. Zwei Drittel der Bevölkerung sind überzeugt, dass die Gewinne ungerecht verteilt werden. Dabei zeigen sich Unterschiede zwischen den verschiedenen Bevölkerungsgruppen: Personen mit höherem Einkommen und höherer Bildung sowie Männer empfinden die Gesellschaft als gerechter als diejenigen mit geringerem Einkommen und Bildungsstand sowie Frauen.[1]

Das gibt Anlass zur Sorge: Denn Menschen, die mehr Ungerechtigkeit empfinden, vertrauen der Politik und den öffentlichen Institutionen weniger und sind außerdem seltener bereit, Veränderungen mitzutragen. Das gilt umso mehr in einer Demokratie, die auf dem Prinzip der politischen Teilhabe aller Menschen und deren Gleichberechtigung beruht.[2]

Aber nicht nur allgemeine Kritik an der Verteilungsgerechtigkeit prägt die Stimmung, sondern auch individuelle Sorgen den eigenen Lebensstandard nicht halten zu können. Status- und Abstiegsängste reichen mittlerweile tief in die Mitte der Gesellschaft. Die Bedrohung der Demokratie zeigt sich besonders an den Wahlurnen: Die breite politische Mitte, die als Garant für eine stabile Demokratie gilt, verliert zunehmend das Vertrauen in demokratische Institutionen und wendet sich verstärkt populistischen Parteien zu.[3]

Über die konkrete Diagnose und das Ausmaß der Demokratiekrise und welche Rolle die Verteilungsfrage dabei spielt, wird teils emotional diskutiert. Es dürfte aber kaum jemand bezweifeln, dass das Wohlstandsversprechen ein zentraler Faktor für die politische Stabilität in Deutschland ist. Demnach sollte jede und jeder, unabhängig von Herkunft oder sozialem Status, durch eigene Leistung ökonomischen Aufstieg erreichen können. In einer wohlhabenden Gesellschaft sollte für jeden ein gutes und abgesichertes Leben möglich sein, ohne dass jemand unter existenziellen Mängeln leidet. Kurzum: Alle sollen also ein Stück vom Kuchen abbekommen.

Auf das Wohlbefinden und die Zufriedenheit der Menschen wirkt sich auch bereits eine nur empfundene Ungerechtigkeit negativ aus und auch die Angst vor Statusverlust, ist erstmal lediglich ein Gefühl. Aber sind die Sorgen berechtigt? Wie werden Chancen und Wohlstand in Deutschland heute tatsächlich verteilt?

Für eine lange Zeit nach der Gründung der Bundesrepublik erfüllte sich das Versprechen auf Wohlstand für einen Großteil der Deutschen: Breite Bevölkerungsschichten profitierten vom Wirtschaftswachstum und erlebten einen sozialen Aufstieg. Egal ob Arbeiter oder Akademikerinnen, die Löhne stiegen, die Konsummöglichkeiten erweiterten sich, und der Zugang zu Bildung verbesserte sich. Wenn auch der Kuchen noch nie und nirgends genau gleich aufgeteilt wurde, wurden doch die individuellen Stückchen stetig größer. Das Wirtschaftssystem funktionierte also zum Wohle der breiten Mitte und arbeitenden Bevölkerung.

Mitte der 1970er- und Anfang der 1980er-Jahre bekam das Wirtschaftswachstum infolge der Ölpreiskrise erste Risse. Die Arbeitslosigkeit stieg stark an, und die Einkommens- und Vermögensungleichheit nahm in den folgenden Jahren zu.

Zu dieser Zeit drang auch eine neue Vorstellung davon, wie Wirtschaft funktioniert, in den politischen Mainstream vor: Die Idee des sogenannten Trickle-Down-Effekts (»nach unten rieseln«) bestimmte in den westlichen Demokratien ab den 1980er-Jahren zunehmend politische Entscheidungen. Diese Theorie besagt, dass der Wohlstand der Reichen allmählich auch den Rest der Gesellschaft erreichen wird. Wenn man also Unternehmen und ihren Eigentümern mehr Ressourcen zur Verfügung stellt, investieren sie mehr, werden innovativer und schaffen gute Arbeitsplätze – letztlich würden vom Wirtschaftswachstum alle profitieren. Diese Zeit war also geprägt von einem Glauben an die positiven Effekte des Marktes und einer Abkehr von staatlichen Eingriffen in die Wirtschaft.

In diesem Geiste haben sich zahlreiche Länder weltweit in einen Wettbewerb um die niedrigsten Steuern begeben. In den 1990er-Jahren und vor allem zur Jahrtausendwende, als die Arbeitslosigkeit Rekordwerte erreichte und die Kosten der deutschen Einheit weitgehend überwunden schienen, wurden auch in Deutschland weitreichende Steuersenkungen für Unternehmen und Hochvermögende vorgenommen.

In den folgenden Jahrzehnten stiegen die Vermögens- und Unternehmenseinkommen in vielen westlichen Ländern weiter an, und Deutschland wurde insgesamt reicher. Auf den ersten Blick mag das nach einer Erfolgsgeschichte klingen. Doch das Problem dabei ist, dass zwar das Land als Ganzes reicher wurde, aber ein großer Teil der Bevölkerung nicht.

Das Wirtschaftswachstum beziehungsweise die Unternehmensgewinne und Vermögenszuwächse kamen vor allem wohlhabenderen Schichten zugute. Während dieser Teil der Gesellschaft durch hohe Vermögensrenditen und sinkende Steuern reicher wurde, erfüllte sich das Versprechen von steigendem Wohlstand für die ärmere Hälfte der Bevölkerung nicht. Trotz des starken Wirtschaftswachstums und der niedrigen Arbeitslosigkeit in den vergangenen Jahren ist ein großer Teil der Menschen in Deutschland bis heute vermögenslos. Das Versprechen, dass diejenigen, die sich genug anstrengen, zu mehr Wohlstand gelangen, gilt für viele mittlerweile nicht mehr.

Wo sind die Vermögenszuwächse und Unternehmensgewinne gelandet?

Die Gewinne sind also nicht nach unten – in die Breite der Gesellschaft – »durchgerieselt«. Während die Vermögen der 100 reichsten Deutschen seit Ende der 1990er-Jahre um fast eine halbe Billion Euro wuchsen, blieben dringend notwendige Investitionen auf der Strecke. Straßenbau, Schienen, Schulen und Universitäten, Wohnungsbau sowie Digitalisierung, das Gesundheits- und Bildungssystem und die Umstellung auf Elektromobilität und andere klimaschonende Infrastrukturen wurden vernachlässigt.

Ein großer Teil der zusätzlichen Gewinne aus den Steuersenkungen floss in alte Industrien und Besitzstandswahrung, statt in Innovation, nachhaltiges Wachstum und Investitionen im Interesse der Allgemeinheit.

Das hat spürbare Folgen: Die öffentliche Infrastruktur zerfällt, Deutschland hängt bei der Digitalisierung hinterher, die soziale Mobilität ist vergleichsweise schlecht, die Wohnungskrise wütet in den Ballungsräumen, und die einstige Vorzeige-Industrie, die Automobilbranche, hat den Strukturwandel verschlafen. Zudem besteht ein riesiger Investitionsbedarf, um die sozial-ökologische Transformation der Wirtschaft zu ermöglichen, und der demografische Wandel bringt weitere Herausforderungen mit sich. Der deutsche Staat muss nach aktuellen Berechnungen in den nächsten zehn Jahren jährlich etwa 60 Milliarden Euro zusätzlich investieren, um Infrastruktur, Wirtschaft und Gesellschaft zukunftsfähig zu machen.[4]

Müssen wir »umsteuern«?

Die Steuerpolitik ist eines der wirkungsvollsten Instrumente zur Bekämpfung sozialer Ungleichheit. Ein progressiv ausgerichtetes Steuersystem – also eines, das höhere Einkommen und große Vermögen stärker besteuert – eignet sich dafür am besten. Darüber hinaus dient die Steuerpolitik auch als Werkzeug zur Steuerung wirtschaftlicher und gesellschaftlicher Veränderungsprozesse. Durch gezielte steuerliche Anreize können bestimmte Verhaltensweisen gefördert und notwendige Investitionen der Privatwirtschaft angeregt werden. Kurzum: Steuern können Ungleichheiten verringern und dringend notwendige Investitionen in Bereiche wie Bildung, Gesundheitswesen und ökologische Transformation lenken und finanzieren.

Die gute Nachricht: Im Grunde haben wir ein progressives Steuersystem. Allerdings wurde es durch zahlreiche Steuerreformen der vergangenen Jahrzehnte nachhaltig geschwächt. Deutschland wurde ein Hochabgabenland für Menschen, die ein mittleres Arbeitseinkommen beziehen, und zum Niedrigsteuerland für Vermögende. Immobilienmilliardäre können große Gewinne anhäufen und müssen darauf besonders wenig Steuern zahlen, ohne im Gegenzug neuen Wohnraum zu schaffen. Frauen werden durch Regelungen im Steuersystem vom Arbeitsmarkt ferngehalten, und Unternehmenserben erhalten pauschal – also unabhängig von ihren Fähigkeiten – Milliardensubventionen und werden gegenüber innovativen Nichterben bevorzugt.

Trotz der Corona- und Energiekrise ist Deutschland ein sehr reiches Land. Nach wie vor ist viel Vermögen vorhanden – allerdings nicht dort, wo es dringend gebraucht wird. In den folgenden Kapiteln werden die größten Baustellen des deutschen Steuersystems beleuchtet, die zu diesen Problemen beigetragen haben. Zudem werden Lösungen aufgezeigt. Vorab: Mit wenigen gezielten Updates könnte unser in die Jahre gekommenes Steuersystem wieder einen wichtigen Beitrag dazu leisten, die großen Herausforderungen unserer Zeit anzugehen.

2 Steuern – Hat der Staat genug? Gar zu viel?

Wozu brauchen wir Steuern?

Der Staat erhebt Steuern, weil der Markt nicht alles, was Menschen brauchen, in ausreichendem Maße zur Verfügung stellt. Er gleicht Marktversagen aus, indem er öffentliche Güter und Dienstleistungen wie Infrastruktur, Justiz, Polizei und Militär, Bildung, soziale Absicherung und Umverteilung organisiert. All diese Güter sind Voraussetzung für Wohlstand und Wirtschaftswachstum und dienen dem gesellschaftlichen Zusammenhalt.

Der Staat finanziert all das größtenteils durch Steuern und Sozialabgaben, die er von seinen Bürgern erhebt. Zudem kann er durch Steuererhöhungen oder -senkungen gesellschaftliche Entwicklungen lenken, indem er Anreize für ein bestimmtes Verhalten setzt.

Politisch umkämpft ist dabei die konkrete Ausgestaltung des Steuersystems und das Ausmaß, in dem der Staat von den verschiedenen Steuerpflichtigen Steuern erhebt. Steuern sind letztlich vor allem ein Spiegelbild der gesellschaftlichen Zuweisung von Verantwortung und der politischen Prioritäten in einem Land. Die Art und Weise, von wem wie viele Steuern erhoben werden und für was und an wen sie verteilt werden, zeigt, welche Werte und Ziele verfolgt werden.

Grundsätzlich stehen sich hier zwei Modelle gegenüber: das des schlanken Staates und das des starken Wohlfahrtsstaates. Der schlanke Staat setzt weitgehend auf Eigenverantwortung und minimalistische staatliche Eingriffe und somit auf niedrige Steuern. Im Mittelpunkt steht die Förderung von Wachstum und Unternehmertum sowie ein möglichst freier Markt. Der Wohlfahrtsstaat hingegen bevorzugt eine aktive Rolle des Staates: Durch höhere Steuern soll er Chancengleichheit, soziale Gerechtigkeit und die Umverteilung von Wohlstand fördern.

Die Wirkung von Steuern und die Funktionsweise des Staatshaushalts ist allerdings komplex und zudem von zahlreichen Mythen umgeben. Deshalb ist die Bedeutung von steuerpolitischen Entscheidungen für die Mehrheit der Menschen nicht immer klar ersichtlich. Dies trägt zur Polarisierung der öffentlichen Meinung bei. Und letztlich birgt es die Gefahr, dass Wahlentscheidungen getroffen und Gesetzesänderungen hingenommen werden, die eigentlich nicht den tatsächlichen wirtschaftlichen und sozialen Bedürfnissen der Wählerinnen und Wählern entsprechen.

Auf den folgenden Seiten werden deshalb die wichtigsten Koordinaten des Staatshaushalts genauer betrachtet und ein Kassensturz gemacht.

Wie viel Steuern hat der Staat?

Die gesamten Steuereinnahmen des Staates lagen im Jahr 2023 bei 916 Milliarden Euro und damit rund 15 Milliarden höher als im Vorjahr. Im Jahr 2026 werden die Einnahmen voraussichtlich erstmals mehr als eine Billion Euro betragen.[5] Für die meisten Menschen sind das kaum vorstellbare Summen, und bei vielen lösen die jährlich verkündeten Rekordsteuereinnahmen Unbehagen aus. Zahle ich zu viel Steuern? Warum verfallen die Schulen und Brücken in diesem Land, obwohl die Steuereinnahmen jedes Jahr steigen?

Politiker- und Lobbyorganisationen, die einem starken Staat nichts abgewinnen können und stattdessen auf die Privatwirtschaft setzen, nutzen diese Zahlen gezielt. Steuern in Rekordhöhe eignen sich, um das Bild vom ineffizienten und gierigen Staat zu zeichnen. Die Floskel »Deutschland hat kein Einnahmen-, sondern ein Ausgabenproblem« gehört in diesem Zusammenhang zum Standardrepertoire liberaler Situationsbeschreibung. Aber was steckt hinter diesem Steuerrekord?

Die staatlichen Steuereinnahmen geben zunächst nur Auskunft über die absolute Summe der Steuern, die der Staat jährlich einnimmt. Wenn diese steigen, ist das grundsätzlich eine positive Nachricht. Denn wenn die Wirtschaft wächst, Einkommen und Konsum zunehmen und damit regelmäßig auch die Preise steigen, erhöhen sich automatisch auch die Steuereinnahmen, ganz ohne zusätzliche Steuererhöhungen.

Rekordsteuereinnahmen bleiben deshalb nur in Ausnahmefällen aus – entweder in Zeiten wirtschaftlicher Krisen oder bei umfangreichen Steuersenkungen. In den vergangenen 50 Jahren sind nur in fünf Jahren die staatlichen Steuereinnahmen gegenüber dem Vorjahr nicht gestiegen. Die Gründe waren entweder die wirtschaftlichen Einbrüche durch die Finanz- und Corona-Krise im Jahr 2009 beziehungsweise 2020 oder die umfangreichen Steuersenkungen der rot-grünen Bundesregierung unter Gerhard Schröder zwischen den Jahren 2001 und 2004.

Wenn der Staat das Niveau der öffentlichen Leistungen, die aus Steuern finanziert werden, aufrechterhalten will, sind zudem »Rekordsteuereinnahmen« schlicht notwendige Normalität. Sollen keine Staatsbediensteten entlassen, keine Investitionen zurückgefahren und keine Sozialleistungen gekürzt werden, dann benötigt der Staat jährlich mehr Geld, weil die Kosten dafür kontinuierlich steigen. Ähnlich wie beim eigenen Gehalt: Wenn das eigene Einkommen nicht mindestens mit der Inflation steigt, kann man davon weniger kaufen.

Sind die Steuern zu hoch?

Um die Steuerbelastung aller Bürger und Unternehmen in Deutschland sinnvoll zu messen, ist nicht der absolute Betrag der Steuern entscheidend, sondern das Verhältnis zur Wirtschaftsleistung – also zum Bruttoinlandsprodukt (BIP). Diese sogenannte Steuerquote ist seit den 1960er-Jahren bemerkenswert stabil und liegt heute wie damals bei rund 23 Prozent. Das bedeutet, der Staat greift heute insgesamt nicht mehr und nicht weniger zu als in der Vergangenheit.

Bezieht man die Sozialabgaben mit ein, liegt die Quote bei etwa 40 Prozent. Die Quote der Sozialabgaben ist in den vergangenen Dekaden aber tatsächlich gestiegen – seit 1960 um etwa 7 Prozentpunkte.[6]

Aktuell gehen somit von jedem erwirtschafteten Euro 40 Cent durch die öffentliche Hand. Im internationalen Vergleich befindet sich Deutschland damit im oberen Mittelfeld.

Höher ist der Anteil etwa in Frankreich, Österreich, Finnland und Schweden und am höchsten in Dänemark. Tendenziell haben die Länder, mit denen wir einen höheren

Lebensstandard assoziieren, die höchsten Quoten. Lediglich in Irland, USA und der Schweiz liegt die Steuer- und Abgabenquote unter 30 Prozent. Ein Teil der Gemeinschaftsaufgaben wird in diesen Ländern privat geregelt oder als »privat« verbucht, zum Beispiel die private Krankenversicherung und die privaten Universitäten und Schulen in den USA oder die gesetzlich vorgeschriebene private Rentenversicherung in der Schweiz.

Woher stammen die Steuereinnahmen?

Rekordsteuereinnahmen sind also ein Mythos – der Staat nimmt heute im Verhältnis zur Wirtschaftsleistung nicht mehr Steuern ein als vor 50 Jahren. Allerdings haben sich die Steuerquellen verschoben – also wer wie viel zahlt und auf welche Bereiche Steuern erhoben werden.

Früher lag ein größerer Teil der Steuerlast auf Erbschaften und Vermögen und hohen Einkommen, während heute Steuern auf den Konsum sowie die Sozialversicherungsbeiträge einen größeren Teil zum Staatshaushalt beitragen.[7]

Schlüsselt man die Steuereinnahmen aus rund 40 unterschiedlichen Steuerarten sowie verschiedenen Abgaben auf, lassen sie sich grob vier Kategorien zuordnen: Der mit Abstand größte Anteil der Einnahmen entfiel im Jahr 2023 auf die Verbrauchsteuern (42,2 Prozent), gefolgt von den Steuern für Vermögenseinkommen (26,8 Prozent) – also Unternehmensgewinne, Dividenden oder Mieteinnahmen – und den Steuern auf Löhne (26,6 Prozent). Den geringsten Beitrag zum Aufkommen leisten Vermögen und Erbschaften mit 0,98 Prozent (vgl. Abb. 1, S. 22).

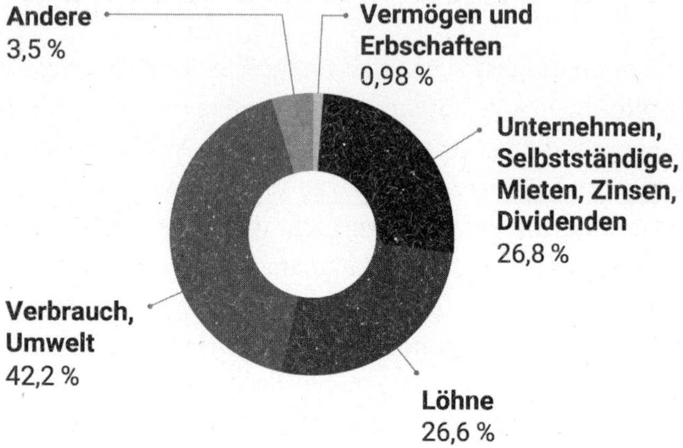

Abb. 1: Anteil der Steuerarten am Gesamtsteueraufkommen in 2023

- Verbrauch, Umwelt: Umsatzsteuer, Energiesteuer, Steuern auf Tabak, Alkohol, Bier etc., sonstige Gemeindesteuern
- Löhne: Lohnsteuer zzgl. Soli (50 %)
- Unternehmen, Selbstständige, Mieten, Zinsen, Dividenden: Veranlagte ESt, nicht veranlagte Steuer vom Ertrag, Abgeltungsteuer auf Zins und Veräußerungserträge sowie Körperschaftsteuer zzgl. Soli (50 %), Gewerbesteuer
- Vermögen und Erbschaften: Erbschaft- und Vermögensteuer
- Andere: Grundsteuer, Grunderwerbsteuer, Lotterie, Feuerschutz etc.

© Jahrbuch Steuergerechtigkeit 2024, Pantea Lachin und Emily Sadler; Quelle: Arbeitskreis Steuerschätzungen (163. Sitzung, Oktober 2023)

Von der Schuldenbremse zur Zukunftsbremse

Auch wenn der deutsche Staat im internationalen Vergleich nur mittelmäßig viel Steuern und Abgaben von seinen Bürgern einnimmt, kann er dennoch zu hohe Ausgaben haben. Steuern und Abgaben sind zwar mit Abstand die bedeutendste Einnahmequelle, aber nicht die einzige Möglichkeit des Staates, seine Aufgaben zu finanzieren.[8]

Die zweite Form der Finanzierung moderner Staaten sind Schulden. Insbesondere um Investitionen zu finanzieren oder Krisen zu bewältigen, nimmt der Staat Kredite auf. Auch Deutschland nutzt diese Möglichkeit – allerdings nur im Rahmen der Schuldenbremse.

Schuldenbremse – Sparen zum Selbstzweck?

Seit 2016 verpflichtet sich Deutschland durch die Schuldenbremse, neue Schulden grundsätzlich nur noch bis zu einer Höhe von 0,35 Prozent des Bruttoinlandsprodukts (BIP) aufzunehmen. Die Schuldenbremse ist aber keine harte Begrenzung der Neuverschuldung, sondern ein komplexer Mechanismus mit vielen Ausnahmen und Gestaltungsmöglichkeiten. So darf der Bund in wirtschaftlich schlechten Zeiten etwas mehr Schulden aufnehmen, während er in guten Zeiten etwas mehr sparen muss. Die Schuldenbremse setzt jedoch einen Rahmen, der es finanzpolitisch konservativen Regierungen einfacher macht, eine geringe Neuverschuldung zu rechtfertigen.[9] Durch eine dogmatische Auslegung der Schuldenregeln kann Sparen zum Selbstzweck werden.

Da Schulden bei vielen Menschen mit negativen privaten Lasten assoziiert sind, erhält die strenge Einhaltung der

Schuldenbremse viel Zuspruch. Allerdings funktioniert der Staatshaushalt völlig anders als ein privater Haushalt (und selbst dort können sich kreditfinanzierte Investitionen in die Zukunft auszahlen).

Die meisten Ökonomen sehen in der aktuellen Regelung eine Gefahr für Deutschland. In Krisenzeiten, in denen die Privatwirtschaft wenig investiert, kann der Staat dies durch schuldenfinanzierte Investitionen kompensieren und die Wirtschaft stützen. Außerdem ist die Finanzierung sehr großer Investitionen ohnehin häufig nur über Schulden möglich – vor allem wenn Steuererhöhungen unterbleiben. Durch die derzeitige Ausgestaltung der Schuldenregelung beschneidet sich Deutschland Jahr für Jahr in der Fähigkeit, wichtige Investitionen in den Bereichen Infrastruktur, Bildung und Klimaschutz zu tätigen. Zudem kann die Regelung soziale Ungleichheiten verstärken, weil Sparmaßnahmen oft die sozial Schwächsten treffen. Ein staatliches Sparen um jeden Preis kann wirtschaftlich schädlich sein und langfristig mehr Kosten verursachen als Nutzen bringen.

Es ist kaum nachvollziehbar, dass ausgerechnet Deutschland sich bei der Finanzierung der Zukunft selbst beschneidet. Im internationalen Vergleich hat Deutschland besonders wenig Schulden. Die Schuldenquote, also das Verhältnis der Schulden zum Bruttoinlandsprodukt (BIP), liegt in Deutschland bei rund 64 Prozent und damit deutlich unter dem EU-Schnitt. In den USA liegt die Quote über 100 Prozent und in Japan sogar bei mehr als 200 Prozent (Stand August 2024). Ein Lockerung der Schuldenbremse kann notwendige Investitionen ermöglichen, ohne die finanzielle Stabilität zu gefährden.[10]

Deutschland hat kein Schuldenproblem, sondern vielmehr ein Investitionsproblem. Bereits seit 30 Jahren investiert der Staat sehr wenig und lebt von seiner Substanz. Erschwerend kommt hinzu, dass auch die Unternehmen hierzulande deutlich zu wenig investieren. Ohne eine Lockerung der Schuldenbremse wird sich dieses Problem voraussichtlich noch vergrößern. Die Lockerung allein wird aber nicht das Allheilmittel sein, denn der Investitionsstau hat sich bereits vor der Einführung der Schuldenbremse angebahnt.[11]

Hat der Staat ein Ausgabenproblem?

Im Jahr 2023 haben Bund, Länder und Kommunen insgesamt rund 1,1 Billionen Euro ausgegeben und weitere 800 Milliarden für Sozialversicherungsleistungen. Um gut einschätzen zu können, wie viel der Staat ausgibt, setzt man alle öffentlichen Ausgaben ins Verhältnis zum BIP. Die sogenannte Staatsquote lag 2023 bei rund 48 Prozent. Das bedeutet: Von jedem in Deutschland erwirtschafteten Euro hat der Staat 48 Cent ausgegeben.

Das bedeutet jedoch nicht, dass der Staat diese 48 Cent vollständig selbst verbraucht. Ein großer Teil davon fließt lediglich »durch« die öffentliche Hand wieder zurück an die Bürger. Deutlich wird das insbesondere bei den Sozialversicherungsleistungen: Der Staat nimmt zwar Rentenbeiträge von Arbeitnehmenden ein, gibt diese Einnahmen aber gleichzeitig wieder an Rentnerinnen und Rentner zurück.

Auch bei der Staatsquote gibt es nur moderate Schwankungen. Seit den 1970er-Jahren liegt diese in »normalen« Jahren relativ konstant bei etwa 45 Prozent. In besonders herausfordernden Jahren wie nach der Wiedervereinigung und der Finanzkrise 2009 steigt die Quote an. Dies geschah zuletzt durch die Schuldenaufnahme zur Abfederung der wirtschaftlichen Folgen der Coronakrise und des Ukrainekrieges in den Jahren 2020 bis 2023. Die Staatsquote stieg dabei vorübergehend auf rund 50 Prozent an und ist danach wieder auf das Vorkrisenniveau gesunken.[12] Ebenso wie mit der Abgabenquote liegt Deutschland im internationalen Vergleich der Industriestaaten damit im Mittelfeld.

Verschwendet der Staat Steuergelder?

Die Staatsquote allein gibt jedoch keinen Aufschluss darüber, wie effizient der Staat seine Mittel verwendet. Trotz moderater Ausgaben kann der Staat Ressourcen ineffizient einsetzen oder gar verschwenden.

Häufig kursiert die alarmistische Diagnose eines aufgeblähten deutschen Sozialstaats in den Medien. In der jüngsten Vergangenheit war das insbesondere bei der aufgeheizten Bürgergeld-Debatte spürbar. Den Fakten hält dies allerdings nicht stand. In den letzten 20 Jahren sind die öffentlichen Sozialausgaben in Deutschland zwar real um rund 25 Prozent gestiegen, doch im Vergleich zu anderen westlichen Industriestaaten ist dies nahezu der geringste Anstieg. In fast allen Ländern sind die Ausgaben deutlich stärker gewachsen. Deutschlands Sozialausgaben liegen damit aktuell allenfalls im Mittelfeld.[13]

Dass es zu Verschwendungen in problematischem Ausmaß komme, behaupten Verfechter der Doktrin des schlanken Staates regelmäßig. Da niemand möchte, dass ein Dritter das eigene Geld in überflüssige Projekte steckt, ist

»Steuergeldverschwendung« ein äußerst wirksamer Vorwurf, um gegen Steuern in jeglicher Form mobil zu machen.

Aber stimmt das? Kann der Staat tatsächlich schlecht mit Geld umgehen – oder jedenfalls schlechter als die Privatwirtschaft?

Da auch der Staat selbst kein Interesse an der Verschwendung von Ressourcen hat, wurden zur Kontrolle spezielle unabhängige Behörden geschaffen: die Landesrechnungshöfe sowie der Bundesrechnungshof. Diese überwachen die öffentlichen Finanzen und mischen sich regelmäßig in die Haushaltsplanung ein, wenn sie Ineffizienzen erkennen. Nun vermag jedoch eine öffentliche Behörde Kritiker kaum zu beruhigen.

Am lautesten prangert in Deutschland der *Bund der Steuerzahler* – eine Nichtregierungsorganisation – die Verschwendung von Steuermitteln an. Jährlich veröffentlicht die Lobbyorganisation mit dem sogenannten *Schwarzbuch* eine Liste von 100 Fällen, in denen der Verband vermeintliche Verschwendungen öffentlicher Mittel festgestellt hat.

Der mit Abstand teuerste Fund des Jahres 2023 waren die Kosten für eine Stammstrecke der Münchner S-Bahn. Mehrere Milliarden Euro zahlte das Land Bayern für den Bau, und damit deutlich mehr als ursprünglich geplant. Ob beziehungsweise in welcher Höhe die Mehrkosten dabei tatsächlich auf Verschwendung beruhen, oder ob sie nicht vielmehr auf eine zu optimistische Kalkulation vor Baubeginn, auf Fehler von Baufirmen oder äußere Umstände zurückgehen, dazu wird nichts gesagt. Inwieweit der Bau kostengünstiger möglich gewesen wäre, wird nicht geschätzt. Stattdessen ist der Bau der S-Bahn laut Schwarzbuch mitsamt aller Kosten als Fall einer Steuergeldverschwendung gelistet. Summiert man die übrigen 99 angeprangerten Fälle, ergeben sich nicht einmal 3 Milliarden Euro. Bezogen auf die Ausgaben des Staates sind das weniger als 0,3 Prozent.

Das soll nicht heißen, dass es keine Fälle von Steuergeldverschwendung gibt. In den vergangenen Jahren kosteten etwa das gescheiterte Vorhaben der Pkw-Maut und die umstrittenen Corona-Masken-Geschäfte die Steuerzahlenden Hunderte Millionen Euro. Der Cum-Ex- und Cum-Cum-Steuerskandal schlug sogar mit schätzungsweise über 30 Milliarden Euro zu Buche[14], was sich keinesfalls wiederholen darf.

Doch dass bei der Organisation und Finanzierung des Gemeinwesens für über 80 Millionen Menschen immer wieder Dinge schiefgehen, ist wenig überraschend. Das Schwarzbuch belegt jedenfalls nicht, dass der Staat grundsätzlich nicht mit Geld umgehen kann, zumal es keine vergleichende Berechnung für die Verschwendung von Ressourcen in der Privatwirtschaft oder von steuerbegünstigten Stiftungen aufstellt. Die Arbeit zeigt vielmehr, dass über staatliche Ausgaben gegenüber der Zivilgesellschaft und Presse umfangreich Rechenschaft abgelegt wird und man diese frei kritisieren und diskutieren darf.

Der unternehmerische Staat

Darüber, welche Aktivitäten eher dem auf Verlässlichkeit fokussierten Staat überlassen werden sollten und welche dem privaten Wettbewerb und der Profitmaximierung, wird ebenfalls gestritten. Sicher ist die Kritik an Entscheidungen der Politik, deren Interessen stark auf die recht kurzen Wahlperioden ausgerichtet sind, hin und wieder berechtigt.

Zwei Beispiele zeigen, dass der Staat in einigen Bereichen durchaus effizient im Interesse der Allgemeinheit arbeiten kann:

Beispiel 1: Wohnungsmarkt

Eine Wohnung kostete 2020 bei einer der öffentlichen Münchner Wohnungsgesellschaften im Schnitt 7,55 Euro pro Quadratmeter. Bei der ehemals gemeinnützigen, aber in den 1990er-Jahren privatisierten Heimbau Bayern waren es – ohne nennenswerten Neubau oder umfassende Modernisierung – 10,28 Euro. Grund dafür ist, dass die Mieten seit der Privatisierung etwa doppelt so schnell gestiegen sind wie im öffentlichen Sektor. Unterm Strich blieben so zuletzt fast 30 Millionen Euro Gewinn pro Jahr, die aktuell vor allem in die Vermögensmehrung der Eigentümer und nicht in gesellschaftlich förderliche Investitionen fließen.

Beispiel 2: Daseinsvorsorge

In Deutschland gibt es etwa 100 gesetzliche Krankenversicherungen (Tendenz fallend). Kritiker vermuten deswegen regelmäßig ein hohes Einsparpotenzial bei den Verwaltungskosten. Tatsächlich sind aber die Verwaltungskosten mit 4,4 Prozent oder etwa 150 Euro pro Versichertem[15] vor allem wegen der niedrigeren Ausgaben für Werbung und Maklergebühren und Vorstandsgehälter und Dividenden an Aktionäre nur etwa halb so hoch wie bei privaten Krankenversicherungen mit etwa 8,6 Prozent – trotz deren günstigerer Mitgliederstruktur.[16] Und auch im internationalen Vergleich sind die Gesundheitsausgaben in Ländern mit einem sehr hohen privaten Anteil – wie zum Beispiel in den USA – nicht niedriger und noch dazu viel weniger solidarisch.

Ein Blick in die Geschichte zeigt zudem, dass ein Mix aus privater und staatlicher Finanzierung häufig sehr erfolgreich war. Viele bahnbrechende Technologien wie das Internet, GPS und wichtige medizinische Innovationen haben ihren Ursprung in staatlich finanzierter Forschung. Und viele wichtige Innovationen der Zukunft müssen vom Staat übernommen werden, weil das Interesse der Privatwirtschaft nicht ausreicht. Hierbei sei aktuell an die ökologische Transformation gedacht.

In den folgenden Kapiteln wird nicht die Frage beantwortet, wie die Aufgaben zwischen Staat und Privatwirtschaft am besten aufgeteilt werden sollten, ob der Staat an bestimmten Stellen eher sparen, neue Schulden aufnehmen oder mehr Steuern einnehmen sollte. Vielmehr wird es darum gehen, wie wir den Staatshaushalt gerecht finanzieren können. Genauer: Worauf erhebt der Staat Steuern und worauf nicht? Wer sollte wie viel zahlen? Wo gibt es Umsteuerungspotenzial?

3
Die Besteuerung von Einkommen: Tragen »starke Schultern« mehr?

Konsens und Realität

Dass diejenigen, die über mehr Ressourcen verfügen, auch mehr zur Finanzierung der gemeinsamen Aufgaben beitragen sollen, ist über alle Parteigrenzen hinweg weitgehend Konsens. Darin spiegelt sich die gesellschaftliche Erwartung, dass wirtschaftliche Leistungsfähigkeit und soziale Verantwortung miteinander verknüpft sind.

Doch was genau »mehr« und was »weniger« hohe Lasten sind beziehungsweise was »starke« und »schwache Schultern« bedeuten, sind zentrale Konfliktpunkte in der Diskussion um Steuergerechtigkeit und Lastenverteilung.

Dabei ist die wissensbasierte Debatte darum, was gerecht ist, häufig verstellt von Mythen und Missverständnissen rund um das Einkommensteuersystem. Das Bild von der tatsächlichen Verteilung von Einkommen ist bei den meisten Menschen verzerrt. Viele überschätzen zudem ihre eigene Steuerbelastung, verwechseln Steuern mit Sozialbeiträgen und den Grenz- mit dem Durchschnittssteuersatz. Kaum als Belastung wahrgenommen werden hingegen die indirekten Steuern.

Wenn in deutschen Talkshows und Parlamenten über Steuergerechtigkeit debattiert wird, dann landen die Diskussionen häufig sehr schnell beim Einkommensteuertarif. Immerhin wird dabei hin und wieder kritisiert, dass der Spitzensteuersatz in den vergangenen 30 Jahren immer weiter gesenkt wurde. Es bleibt jedoch meist unerwähnt, dass dieser Tarif bei den allerhöchsten Einkommen meistens ohnehin gar keine Anwendung findet. Dies ist ein wesentlicher Grund dafür, dass die tatsächlichen Steuersätze typischer Multimillionärinnen und Milliardäre deutlich unterhalb des offiziellen Spitzensteuersatzes des Einkommensteuertarifs liegen.

Über welche Punkte sollte also gesprochen werden, wenn Steuergerechtigkeit verhandelt wird? Wie sind die Einkommen in Deutschland verteilt und wer zahlt wie viel Steuern?

Die Mittelschichtsillusion

Die überwiegende Mehrheit der Deutschen ist der Ansicht, dass die Einkommensverteilung im Land ungerecht ist. Wenig überraschend ist, dass Menschen mit höherem Einkommen die Gesellschaft als gerechter empfinden.[17]

Dabei fällt es den meisten Menschen schwer, die tatsächliche Verteilung einzuschätzen. Auf die Frage: »Gehören Sie zur Mittelschicht?« antworten sehr viele mit »Ja« – sogar deutlich mehr, als tatsächlich dazugehören. Reiche Menschen fühlen sich weniger reich und ärmere fühlen sich weniger arm. Einer der Gründe dafür, dass wir uns durchschnittlicher fühlen, als wir es sind: Wir vergleichen uns vor allem mit Menschen in unserer unmittelbaren Umgebung und verkehren tendenziell in sozialen Gruppen, die der unseren ähnlich sind.

Ein prominentes Beispiel für die eigene Fehleinschätzung ist Friedrich Merz: Der als Aufsichtsratsvorsitzender von

»BlackRock«, dem größten Vermögensverwalter der Welt, üppig alimentierte Einkommensmillionär und Besitzer zweier Privatflugzeuge fühlte sich 2018 in einem Interview mit der *Bild-Zeitung* der »gehobenen Mittelschicht« zugehörig.[18]

Dass es in der Mittelschicht weder Einkommensmillionäre noch Privatflugzeuge gibt, sollte den meisten Menschen und insbesondere den politischen Entscheidungsträgern klar sein.

Aber wer gehört tatsächlich zu Deutschlands Mitte? Wer in Deutschland Vollzeit arbeiten geht, bekommt im Durchschnitt dafür einen Bruttolohn von 56.000 Euro im Jahr. Die »echte« Mitte als das durchschnittliche Einkommen ist aber der Medianwert – also der Wert, bei dem es gleich viele Menschen mit einem höheren wie mit einem niedrigeren Einkommen gibt. Dieser Wert liegt mit 47.000 Euro pro Jahr noch einmal niedriger.[19]

Gehören Sie zur Mittelschicht?

In Deutschland gibt es keine einheitliche Definition für die Mittelschicht. Gemäß der Organisation für wirtschaftliche Zusammenarbeit und Entwicklung (OECD) gehört dazu, wer zwischen 75 und 200 Prozent des verfügbaren Medianeinkommens verdient. Konkret bedeutet das: Alleinstehende, die nach dem Abzug von Steuern und Sozialabgaben ein Einkommen von rund 17.500 Euro bis 46.500 Euro zur Verfügung haben, gehören zur Mittelschicht.[20] Über 80 Prozent der Deutschen ordnen sich selbst der Mittelschicht zu. Tatsächlich waren es laut Berechnungen des ifo-Instituts im Jahr 2019 aber nur 63 Prozent. Im Jahr 2007 gehörten noch 65 Prozent der Menschen in Deutschland zur Mittelschicht und 1995 sogar 70 Prozent.[21] Die Mitte schrumpft also.

Wer sind die Superverdiener?

Die Superverdiener sorgen dafür, dass der Durchschnitt aller Einkommen ansteigt und deutlich über dem Medianwert liegt. Laut Steuerstatistik gehören zu ihnen rund 29.500 Einkommensmillionäre. Die meisten von ihnen findet man in Bayern. Die höchste Dichte gibt es in Hamburg, und in Thüringen trifft man sie am seltensten. Im Schnitt haben sie jeweils Einkünfte von rund 2,6 Millionen Euro.[22]

Die Steuerstatistik verrät sogar, woher das Einkommen der Millionäre stammt. Der mit Abstand größte Teil kommt demnach aus dem Betrieb eines Gewerbes (66 Prozent). Aus Angestelltenverhältnissen und selbständiger Arbeit kommen 27 Prozent. Nur ein kleiner Teil von 7 Prozent wird aus Mieten, Landwirtschaft und Kapitalvermögen erzielt.[23]

Aber die Statistik hat einen Haken, denn die Einkommen aus Kapitalvermögen werden nur unvollständig erfasst. So fehlen etwa Unternehmensgewinne, die nicht ausgeschüttet werden, sondern im Unternehmen bleiben, sowie ein Großteil der Dividendenzahlungen und Veräußerungsgewinne von Kapitalgesellschaften. Ebenso werden Zinsen nicht erfasst.[24]

Unter den Millionären der Statistik finden sich also vor allem kleine Gewerbetreibende, die ihre Gewinne nicht in Zwischengesellschaften ansparen, ein paar Menschen mit einem Millioneneinkommen aus Arbeit, darunter sind etwa Vorstände großer Konzerne und auch einige Fußballspieler sowie ein paar sehr gut verdienende Selbstständige. Weil die Besitzer großer Kapitalbeteiligungen aber fehlen, kennen wir die genaue Zahl der Einkommensmillionäre nicht.

Wie verteilen sich die Einkommen genau?

Aufgrund dieser Lücke in der Statistik lässt sich auch die Verteilung der Einkommen nicht genau messen.

Alternativ versuchen Haushaltsbefragungen, die Einkommens- und Vermögensverhältnisse der Deutschen abzubilden. Das Sozio-oekonomische Panel (SOEP) des Deutschen Instituts für Wirtschaftsforschung (DIW)[25] kommt zu dem Ergebnis, dass Einkommen hierzulande ungleich verteilt sind, allerdings nicht viel ungleicher als im europäischen Durchschnitt

Der Gini-Koeffizient, ein gängiger Maßstab für Ungleichheit, liegt bei den deutschen Markteinkommen – also dem Einkommen vor Abzug von Steuern und Abgaben – bei einem Wert von 0,50 (EU-Durchschnitt: 0,48). Weil jedoch an den Haushaltsbefragungen keine Superreichen teilnehmen, fehlt auch hier ein Teil der Vermögenseinkommen.

Gini-Koeffizient

Der Gini ist eines der am häufigsten verwendeten Maße für Einkommens- und Vermögensungleichheit. Er zeigt einen Wert zwischen 0 und 1, wobei bei einem Wert von 1 eine Person alle Einkommen hat – also maximale Ungleichheit besteht – und bei 0 alle genau gleich viel haben.

Ein weiteres Maß für die Ungleichheit ist der Anteil der reichsten 10 Prozent am Gesamteinkommen. Laut der World Inequality Database erhielt das reichste Zehntel der Deutschen im Jahr 2020 etwa 40 Prozent aller Bruttoeinkommen.

Eine besonders starke Zunahme der Einkommensungleichheit gab es im Übrigen ab etwa Mitte 1990er-Jahre bis 2005. Die Einführung des Mindestlohns im Jahr 2015 hat immerhin dazu beigetragen, die Lohnungleichheit leicht zu reduzieren. Dennoch ist die Ungleichheit der Gesamteinkommen weiter gestiegen – wenn auch weniger stark als um die Jahrtausendwende.[26]

Vom Brutto zum Netto

Wie viel Einkommen letztlich zur Verfügung steht, hängt allerdings nicht vom Brutto-, sondern vom Nettoeinkommen ab. Das ergibt sich nach Abzug der Steuern und Sozialversicherungsabgaben vom Bruttoeinkommen.

Während die Feinheiten der Einkommensbesteuerung regelmäßig kontrovers diskutiert werden, besteht ein breiter Konsens darüber, dass Menschen entsprechend ihrer wirtschaftlichen Leistungsfähigkeit besteuert werden sollten. Das bedeutet, dass jede und jeder nach den individuellen finanziellen Möglichkeiten zur Finanzierung des Gemeinwohls beiträgt. Kaum eine Metapher wird dafür so häufig bemüht wie die »starken Schultern«, die mehr Lasten tragen sollen als schwache.

Um den Beitrag zum Gemeinwesen entsprechend den Einkommensunterschieden gerecht zu gestalten, gibt es die progressive Einkommensteuer. Danach sollen Menschen mit höherem Einkommen nicht nur einen absolut höheren Steuerbetrag zahlen, sondern auch einen höheren Prozentsatz ihres Einkommens abgeben.

Das Prinzip der progressiven Einkommensbesteuerung hat sich in fast allen demokratischen Ländern etabliert. Es ermöglicht einen sozialen Ausgleich zwischen Menschen mit hohen und niedrigen Einkommen. Inwieweit dies tatsächlich gelingt, lässt sich messen – zumindest für die in der Statistik und den Haushaltsbefragungen erfassten Einkommen: Haben die einkommensstärksten 10 Prozent der Bevölkerung noch 40 Prozent des gesamten Einkommens, sinkt ihr Anteil nach Abzug der Einkommensteuern auf 30 Prozent. Der Gini-Koeffizient sinkt nach Abzug von Steuern von 0,5 auf einen Wert von 0,3.[27]

Somit verringern die Einkommensteuern und Sozialabgaben in Deutschland die Ungleichheit der Einkommen spürbar, und das tun sie nicht besser oder schlechter als in anderen europäischen Ländern (EU-Durchschnitt: 0,28).

Armutsgefährdung nimmt zu

Der Anteil der Bevölkerung, der von Armut betroffen ist, steigt seit vielen Jahren stetig an. Etwa 16 Prozent der Bevölkerung – rund 14 Millionen Menschen in Deutschland, darunter besonders viele Kinder und Alleinerziehende – gelten derzeit als armutsgefährdet. In diese Statistik fallen Menschen, denen weniger als 60 Prozent des mittleren Nettoeinkommens aller Haushalte zur Verfügung stehen. Im Jahr 2023 lag die Grenze bei rund 1.300 Euro pro Monat und für ein Paar mit zwei Kindern unter 14 Jahren bei weniger als 2.750 Euro.[28]

Progressive Einkommensteuer nicht für alle

Theoretisch hat man sich in Deutschland also auf ein progressives Einkommensteuersystem geeinigt, das insbesondere bei Arbeitseinkommen auch funktioniert. Allerdings haben in den vergangenen Jahrzehnten zahlreiche Reformen dafür gesorgt, dass das Steuersystem gerade bei den höchsten Einkommen regelmäßig versagt und die Steuersätze bei den Superreichen wieder sinken.

Aber wie kann das sein? Das progressive Steuersystem ist zunächst darauf ausgerichtet, die breite Masse der arbeitenden Bevölkerung zu besteuern. Ihre Arbeitseinkommen werden in der Regel vollständig dem progressiven Einkommensteuertarif unterworfen.

Dieser Steuertarif startet bei 0 Prozent: Menschen, die ein zu versteuerndes Einkommen unterhalb des sogenannten Grundfreibetrags haben, zahlen keine Steuern. Für das Jahr 2024 gilt ein Freibetrag von 11.604 Euro. Etwa 20 Prozent der Steuerpflichtigen überschreiten diese Grenze nicht und müssen demnach auch keine Einkommensteuer zahlen.

Was ist das »zu versteuernde Einkommen«?

Vom Bruttoeinkommen können bestimmte Aufwendungen und Freibeträge abgezogen werden. Zum Beispiel: Werbungskosten, Sonderausgaben, außergewöhnliche Belastungen oder Vorsorgeaufwendungen. In Standardfällen machen diese Abzüge zwischen 10 bis 20 Prozent vom Bruttoeinkommen aus. Das Ergebnis ist das zu versteuernde Einkommen, auf das dann der progressive Einkommensteuersatz angewendet wird.

Oberhalb des Grundfreibetrags steigt der Steuersatz für jeden zusätzlichen Euro von 14 Prozent bis auf 42 Prozent ab einem zu versteuernden Einkommen von 66.761 Euro. Es folgt schließlich eine abschließende Stufe im Steuertarif: Mit der sogenannten Reichensteuer werden ab einem Einkommen von 277.826 Euro 45 Prozent fällig (inklusive Solidaritätszuschlag sogar 47,5 Prozent).

Weil der steigende Steuersatz aber immer nur für den nächsten verdienten Euro gilt, steigt der durchschnittliche Steuersatz auf das Einkommen deutlich langsamer als der Grenzsteuersatz: Bei einem zu versteuernden Einkommen von 66.761 Euro werden zwar auf den nächsten Euro der Gehaltserhöhung 42 Prozent Steuern fällig, aber dennoch liegt der durchschnittliche Steuersatz auf das gesamte Einkommen bei rund 26 Prozent und für ein Einkommen von 277.826 Euro bei 38 Prozent (zuzüglich Solidaritätszuschlag).

Häufig verwechselt – Durchschnitts- und Grenzsteuersatz

Der Grenzsteuersatz gibt an, wie viel Steuer auf den letzten beziehungsweise den nächsten verdienten Euro anfällt. Er ist insbesondere bei Gehaltserhöhungen von Interesse, da er zeigt, wie viel von der Bruttoerhöhung netto übrig bleibt. Wenn zum Beispiel der Grenzsteuersatz 30 Prozent beträgt, bedeutet das, dass von jedem zusätzlich verdienten Euro 30 Cent als Steuer abgeführt werden. Der Durchschnittssteuersatz hingegen gibt das Verhältnis der gesamten Steuerzahlung zum Bruttoeinkommen an. Wegen des progressiven Steuertarifs ist er niedriger als der Grenzsteuersatz. Viele Menschen überschätzen ihren persönlichen Steuersatz, weil sie annehmen, dass sie im Durchschnitt auf ihre gesamten Einkommen den Grenzsteuersatz zahlen.

Geht es nicht einfacher?

Unter dem Vorwand von Steuervereinfachung und mehr Transparenz wird von manch Liberalen und Konservativen anstelle des progressiven Tarifs ein Einheitssteuersatz (*Flat Tax*) vorgeschlagen. Hierbei wird unabhängig von der Höhe des Einkommens ein fester Steuersatz veranschlagt. Im Ergebnis haben dann alle den gleichen Steuersatz, es würde also ein proportionaler Tarif gelten.

Mit Blick auf die ungleichen Einkommen wäre das aber vor allem ungerecht. Denn die beschriebene Umverteilungswirkung des derzeitigen Steuertarifs würde weitestgehend wegfallen und die Ungleichheit weiter zunehmen. Profitieren würden von einer Flat Tax vor allem Personen mit hohem Einkommen und – je nach Ausgestaltung – würde die untere arbeitende Mitte der Bevölkerung am stärksten verlieren.[29] Das ist wohl auch der Grund, warum es eine Flat Tax nur in sehr wenigen Ländern gibt. In Europa beispielsweise nur in Rumänien, Ungarn, Bulgarien und Estland.

Eine Flat Tax bringt außerdem nicht per se Steuervereinfachung. Sowohl für die Finanzverwaltung als auch für die Steuerzahlenden bleibt der Arbeitsaufwand unverändert, unabhängig davon, welche Berechnungsformel für die Ermittlung der Steuerschuld verwendet wird.

Häufig wird gefordert, im Gegenzug zu einer Flat Tax zahlreiche Abzugsmöglichkeiten und Sonderregelungen zu streichen und stattdessen umfangreiche Pauschalen zu ermöglichen. Friedrich Merz stellte in diesem Zusammenhang 2003 eine »Steuererklärung auf dem Bierdeckel« in Aussicht.

Der Wegfall von Abzugsmöglichkeiten kann das Steuerrecht zweifellos an einigen Stellen vereinfachen. Allerdings werden in der Folge die individuellen Lebensumstände und die tatsächliche Leistungsfähigkeit der Steuerzahlenden weniger berücksichtigt.

Wenn zudem Ausgaben steuerlich nicht mehr abgezogen werden können, kann dies auch wirtschaftliche Folgen haben. So könnte beispielsweise der Wegfall der steuerlichen Absetzbarkeit von Arbeitswegkosten dazu führen, dass Arbeitnehmende weniger bereit sind, Jobangebote mit längeren Pendelstrecken anzunehmen.

Auch die Erhöhung von Pauschalen kann den Aufwand für die Steuererklärung verringern. Würde beispielsweise die Werbungskostenpauschale für Arbeitnehmende erhöht, müssten weniger Belege gesammelt werden, um die mit der Arbeit verbundenen Kosten nachzuweisen. Auch die Finanzverwaltung hätte dadurch weniger Aufwand bei der Prüfung von Unterlagen. Die Kehrseite: Personen, die keine oder nur geringe Kosten haben, könnten die Pauschale dennoch in Anspruch nehmen und hätten dadurch einen Vorteil gegenüber jenen, die tatsächlich höhere Kosten tragen. Dies zeigt das grundlegende Spannungsfeld zwischen Steuergerechtigkeit und Steuervereinfachung.

Die Vorstellung einer »Steuererklärung auf dem Bierdeckel«, bleibt eine populistische Idee für den Stammtisch.

Nicht verwechseln: Steuern und Sozialbeiträge

Wie viel Netto vom Brutto übrig bleibt, hängt jedoch von einem weiteren Faktor ab: den Sozialbeiträgen. Ein Teil des Einkommens fließt nicht in den »Steuertopf,« sondern separat in die Kranken-, Pflege-, Arbeitslosen-, Unfall- und Rentenversicherung. Anders als bei Steuern, steht diesen

Beiträgen regelmäßig ein konkreter Anspruch auf individuelle Leistungen gegenüber. Wer in die Rentenversicherung einzahlt, erwirbt beispielsweise einen Anspruch auf eine Rentenzahlung, die in der Höhe auch davon abhängt, wie viel eingezahlt wurde. Ähnliches gilt beim Arbeitslosen- und beim Krankengeld.

Abgesehen davon wirken die Sozialbeiträge ähnlich wie Steuern und haben grundsätzlich einen umverteilenden Charakter. Besonders deutlich wird dies bei der Krankenversicherung: Menschen mit höheren Einkommen zahlen höhere Beiträge, ohne im Gegenzug bessere Behandlungsleistungen zu erhalten. Zudem tragen gesündere Menschen, die weniger medizinische Leistungen in Anspruch nehmen, tendenziell zur Finanzierung der Kosten weniger gesunder Menschen bei. Dieser Ausgleich ist ein wesentliches Merkmal, das die gesetzliche Sozialversicherung von privaten Systemen unterscheidet.

Da Sozialbeiträge für die meisten Beschäftigten verpflichtend sind (mit Ausnahmen wie Beamte, Selbstständige und Abgeordnete), werden Steuern und Sozialbeiträge in internationalen Vergleichen häufig zusammengefasst. Dies ermöglicht eine bessere Vergleichbarkeit mit Ländern wie Dänemark, die ihr Sozialsystem nicht über Sozialbeiträge, sondern vollständig über Steuern finanzieren.

Die Sozialbeiträge werden in Deutschland nicht nur in separate Kassen eingezahlt, sondern auch anders erhoben: Der Abgabensatz ist proportional zur Höhe des Lohns beziehungsweise Gehalts (also nicht progressiv) und wird nur bis zu bestimmten Einkommensgrenzen – den Beitragsbemessungsgrenzen – erhoben. Überschreitet das Einkommen diese Grenze, steigt der Beitrag auch bei einer weiteren

Erhöhung des Einkommens nicht mehr. Zudem haben Beschäftigte in der Kranken- und Pflegeversicherung ab diesem Punkt die Möglichkeit, in eine private Versicherung zu wechseln.

Sozialversicherungsbeiträge – Proportional statt progressiv

Das Prinzip, dass starke Schultern mehr beitragen können und sollen, erstreckt sich auch auf die Abgaben, die die sozialen Sicherungssysteme finanzieren (dazu zählen Kranken-, Renten-, Arbeitslosen- und Pflegeversicherung). Hier gilt aber, anders als bei der Einkommensteuer, kein progressiver, sondern ein proportionaler Tarif. Das heißt konkret: Menschen mit höherem Einkommen zahlen zwar absolut gesehen einen höheren Beitrag als Menschen mit geringerem Einkommen, aber prozentual den gleichen Anteil von ihrem Einkommen. Und ein weiter entscheidender Unterschied: Der Beitrag wird nur bis zur sogenannten Beitragsbemessungsgrenze erhoben. Wird diese erreicht, steigt der Beitrag nicht weiter. Deshalb sinkt der prozentuale Beitragssatz, der vom Einkommen abgegeben werden muss, für Besserverdienende sogar. Die Grenze liegt bei rund 62.000 Euro für die Krankenkasse und bei rund 90.000 Euro für die Rente in 2024.

Angenommen, der Vorstand eines großen börsennotierten Unternehmens hat ein zu versteuerndes Arbeitseinkommen von 5 Millionen Euro. Dann zahlt er auf fast sein gesamtes Gehalt den Reichensteuersatz und somit rund 2.375.000 Euro Steuern (47,5 Prozent). Hinzu kommen noch die Abgaben für die Sozialversicherung. Je nach (privater) Versicherung können das etwa 20.000 Euro sein. Von jedem weiteren Euro den sein Gehalt steigt, muss er 47,5 Prozent Steuern abgeben. Sozialabgaben fallen aufgrund der Bemessungsgrenze auf eine Gehaltserhöhung jedoch nicht an.

Hochsteuerland für Arbeit oder Hochbeitragsland?

Wenn einmal im Jahr die Steuer- und Abgabenlast von 38 Industriestaaten durch die Organisation für wirtschaftliche Zusammenarbeit und Entwicklung (OECD) verglichen wird, heißt es häufig, Deutschland sei ein Hochsteuerland. Diese Interpretation der Ergebnisse greift jedoch zu kurz. Richtig ist: Laut Ranking müssen nur in Belgien Alleinstehende von ihrem Durchschnittsverdienst noch mehr abgeben. In Deutschland werden rund 17 Prozent Steuern und 20,5 Prozent Sozialabgaben fällig, insgesamt also rund 37,5 Prozent. Neben den Abgaben, die direkt vom Bruttoeinkommen abgezogen werden, führt der Arbeitgeber zusätzlich noch Sozialabgaben für seine Mitarbeitenden ab. Berücksichtigt man diese, fallen auf den gesamten Bruttolohn (Arbeitgeberbrutto) etwa 48 Prozent Steuern und Abgaben an.[30]

Dabei wird deutlich: Nicht die Steuern, sondern vor allem die Sozialabgaben schmälern die mittleren Einkommen. Bei sehr niedrigen Einkommen überwiegen die Abgaben die Steuern noch stärker. Bei sehr hohen Einkommen hingegen nimmt der Anteil der Sozialabgaben aufgrund der Beitragsbemessungsgrenze sogar wieder ab.

Blickt man nur auf die Höhe der Steuern und blendet die Abgaben aus, liegt Deutschland im internationalen Vergleich lediglich im Mittelfeld der Belastung und nicht an der Spitze. Im Hinblick auf das Arbeitseinkommen wird also klar: Deutschland ist eher Hochbeitragsland als Hochsteuerland. In den vergangenen Jahren hat sich dabei die Belastung stärker weg von den Steuern hin zu den Sozialbeiträgen verschoben. Allerdings muss berücksichtigt werden: In anderen Ländern sind zwar die Beiträge teils niedriger, dafür ist die soziale Absicherung dort aber nicht immer so gut wie in Deutschland. Menschen müssen sich dann aufgrund schwächerer Sozialsysteme stärker privat absichern.

Niedrigsteuerland für Einkommen aus Vermögen

Was der viel zitierte OECD-Vergleich aber nicht zeigt: Zwar ist die Abgabenlast für Menschen, die für ihr Geld arbeiten, in Deutschland recht hoch, aber für Superreiche, die einen Großteil ihres Einkommens aus Vermögen beziehen, ist sie deutlich niedriger.

Während Arbeitseinkommen vollständig dem progressiven Einkommensteuertarif unterliegen, gelten für hohe Vermögenseinkommen, wie Dividenden, Zinsen, Wertsteigerungen und Mieteinnahmen Sonderregelungen.

Das führt dazu, dass ein Vorstand eines Großkonzerns auf sein Millioneneinkommen aus Arbeit den Reichensteuersatz des Einkommensteuertarifs zahlt. Die Familie, die diesen Konzern besitzt oder einen Großteil der Anteile daran hält und wenig bis gar kein Arbeitseinkommen erzielt, kommt hingegen deutlich günstiger weg. Bei Menschen, die ihr Einkommen aus einem Vermögen jenseits von 50 Millionen Euro beziehen, spielt der progressive Einkommensteuertarif kaum noch eine Rolle. Von ihrem gesamten Einkommen stammt nur ein sehr kleiner Teil aus Arbeit – in der Regel sind das Geschäftsführergehälter oder Aufsichtsratsvergütungen.

Will man ihren Steuersatz ermitteln, sind insbesondere die Regelungen relevant, die für Kapitalerträge aus großen Unternehmen gelten. Konkret betrifft das Kapitalgesellschaften in Form von Aktiengesellschaften (AG) oder Gesellschaften mit beschränkter Haftung (GmbH).

Die Gewinne dieser Unternehmen werden zunächst auf Ebene der Gesellschaft besteuert. Die gesetzlichen Steuersätze für Unternehmen liegen in Deutschland im Schnitt bei rund 30 Prozent, können aber bei sehr großen Konzernen effektiv deutlich niedriger ausfallen (siehe dazu Kapitel 5).

Die Besteuerung im Unternehmen selbst ist aber nur der erste Teil der Einkommensteuer von Unternehmensgewinnen. Wenn die Gewinne aus der Gesellschaft an die Eigentümer ausgeschüttet werden, erfolgt der zweite Teil. Die Erträge unterliegen dann theoretisch dem einheitlichen Kapitalertragsteuersatz von 25 Prozent (inklusive Solidaritätszuschlag rund 26,4 Prozent).

Dieser Steuersatz wurde nicht zufällig gewählt: In Kombination mit den gesetzlichen Steuern im ersten Schritt, also auf Ebene des Unternehmens von 30 Prozent, entspricht das zusammen 48,5 Prozent, und damit in etwa dem höchsten Steuersatz des Einkommensteuertarifs.

Deshalb geht die häufig geäußerte pauschale Kritik »Kapitalerträge werden nur mit 25 Prozent besteuert« zumindest teilweise fehl. Bei einem Unternehmer, der in seiner eigenen GmbH arbeitet, sind auch die Steuern des Unternehmens Teil »seiner« Einkommensteuer. Beim reinen Anteilseigner, der nur Kapitalerträge erhält, lässt sich darüber schon wieder streiten. In jedem Fall aber trifft die Kritik der niedrigen Steuern bei Zinseinkommen zu, denn diese unterliegen tatsächlich ausschließlich lediglich der Kapitalertragsteuer von 25 Prozent. Gerade in Zeiten hoher Zinsen ist das ein Vorteil gegenüber anderen Einkommensarten.

Ein entscheidender Vorteil der zweistufigen Besteuerung von Kapitalerträgen für superreiche Unternehmenseigentümer liegt darin, dass sie einen Teil der Besteuerung – nämlich die zweite Stufe – in die ferne Zukunft verschieben können. Wenn sie die Anteile an ihrem Unternehmen (mindestens 10 Prozent) nicht direkt halten, sondern über vermögensverwaltende Gesellschaften (sog. Holding-Gesellschaften), können sie die Gewinne an diese Gesellschaft ausschütten, ohne dass dabei Kapitalertragsteuer anfällt.[31]

Diese Holding-Gesellschaften sind die Spardosen der Hochvermögenden. Das wirtschaftliche Einkommen, das dort landet, wird steuerlich nicht als Einkommen ihrer Eigentümer angesehen. Die angesparten Gewinne, die aus der vermögensverwaltenden Gesellschaft reinvestiert werden, profitieren somit vom Zinseszins-Effekt. Dieser sorgt dafür, dass ihre niedrig besteuerten Vermögen noch schneller wachsen als ohnehin. Nur jener kleine Teil des Gewinns, der zur Deckung des privaten Konsums aus der Holding-Gesellschaft direkt an die Eigentümer fließt, wird noch einmal mit 25 Prozent (26,4 Prozent inklusive Solidaritätszuschlag) besteuert. Ein weiterer Vorteil einer solchen Sparmöglichkeit: Im Falle einer Insolvenz des ausschüttenden Unternehmens sind die Gewinne in der vermögensverwaltenden Gesellschaft vor Haftungsansprüchen geschützt, sie müssen also nicht mehr zur Begleichung von Schulden des ausschüttenden Unternehmens eingesetzt werden.

Zum Vergleich: Kleinaktionäre, die ebenfalls Geld am Kapitalmarkt anlegen, müssen auf die ausgezahlten Kapitalerträge (oberhalb des Freibetrags von 1.000 Euro) sofort

26,4 Prozent Steuern zahlen. Und auch für Arbeitseinkommen gibt es eine solche Sparmöglichkeit nicht. Reinvestiert werden kann erst, nachdem die Lohnsteuer vollständig abgezogen wurde.

Die begünstigende Regelung wurde jedoch nicht eingeführt, um das Sparen in vermögensverwaltenden Gesellschaften steuerlich zu fördern. Entwickelt wurde sie, um eine Doppelbesteuerung von Gewinnausschüttungen innerhalb eines Konzerns zu vermeiden. Zudem sollen Reinvestitionen erleichtert werden. Allerdings lassen sich die Regelungen eben auch auf die »Spardosen« der Superreichen anwenden – ganz unabhängig davon, ob und wie das Vermögen, das dort liegt, in Deutschland investiert wird.

Und weil aufgrund des EU-Rechts auch Investitionen in andere europäische Staaten nicht zu einer doppelten Besteuerung führen dürfen, haben zahlreiche Staaten ähnliche Regelungen eingeführt.

Der Steuersatz der Superreichen

Die Sonderregelungen und Privilegien führen dazu, dass der tatsächliche Steuersatz für milliardenschwere Unternehmenseigentümer und viele Einkommensmillionäre weit unterhalb des Reichensteuersatzes liegt. Stattdessen ist er kaum höher oder in manchen Fällen sogar niedriger als der Steuersatz der Mittelschicht.

Eine Analyse konkreter Geschäftsberichte und Unternehmensbeteiligungen durch das *Netzwerk Steuergerechtigkeit* konnte beispielsweise zeigen, dass die BMW-Erben Stefan Quandt und Susanne Klatten im Jahr 2022 zwar mit rund 11 Milliarden Euro das höchste wirtschaftliche Einkommen der Republik hatten, aber darauf schätzungsweise nur etwa 26 Prozent Steuern zahlen mussten.[32]

Das entspricht weitestgehend dem Steuersatz des BMW-Konzerns in 2022. Weil BMW ein Teil des Geschäfts über Tochtergesellschaften in Ländern mit niedrigeren Steuersätzen abgewickelt, zahlt der Konzern lediglich 25 Prozent Steuern auf seinen Gewinn. Kleinere Unternehmen in München zahlen hingegen durchaus dort geltenden Steuersatz von rund 32 Prozent.

Über die Unternehmenssteuern von BMW hinaus fallen kaum weitere Einkommensteuern an, da die Gewinne größtenteils in den Beteiligungsgesellschaften der Geschwister verbleiben können. Nur ein sehr kleiner Anteil landet auf den persönlichen Konten. Ihr Arbeitseinkommen, etwa in Form von Geschäftsführergehältern und Aufsichtsratsvergütungen, dürfte zwar dem Reichensteuersatz unterliegen, macht aber weniger als 1 Prozent von ihrem Gesamteinkommen aus.

Zum Vergleich: Wer ein zu versteuerndes Arbeitseinkommen von rund 67.000 Euro (Bruttolohn etwa 80.000 bis 100.000 Euro) hat, zahlt darauf – ebenso wie die BMW-Erben – rund 26 Prozent Steuern. Damit hatte nahezu jeder Produktmanager bei BMW in Deutschland einen vergleichbaren oder sogar höheren Steuersatz als die Eigentümer des Konzerns mit Milliarden-Einkommen.

Rechnet man die Sozialabgaben ein, muss ein Produktmanager über 40 Prozent in die staatliche Gemeinschaftskasse abgeben. Somit tragen die »stärksten Schultern« sogar weniger als die schwächeren. Da auf die hohen Vermögenseinkommen der Superreichen nahezu keine Sozialabgaben anfallen, ist die Abgabenquote der Mittelschicht fast doppelt so hoch.

Aktuell fordern Lobbyorganisationen von Vermögenden weitere Senkungen der Unternehmenssteuern sowie die Abschaffung des Solidaritätszuschlags. Sollte diese Forderung Erfolg haben, würde der Steuersatz auf Milliardenerträge sogar niedriger ausfallen als der des BMW-Angestellten.

Vergleich der Steuer- und Abgabensätze verschiedender Einkommensgruppen[32]

	Geringverdiener	Durchschnittsverdiener	Besserverdiener	Konzern-Vorstand	BMW-Erben
Bruttoeinkommen pro Jahr in EUR	30.000	56.000	95.000	5 Mio.	11 Mrd.*
Steuersatz**	9%	16,5%	26%	47%	26%
Sozialbeiträge (nur Arbeitnehmeranteil)	21%	21%	16%	0,5%	0%
Gesamte Abzüge	30%	37,5%	42%	47,5%	26%
Nettoeinkommen in EUR	21.000	35.000	58.000	2,6 Mio.	8 Mrd.

* Gesamtes wirtschaftliches Einkommen Susanne Klatten und Stefan Quandt 2022 (inklusive einbehaltenener Gewinne).

** Bei typischen Abzügen vom Bruttolohn.

Halbierung des Steuersatzes von Milliardären

Das deutsche Steuersystem war früher deutlich progressiver. In den vergangenen 30 Jahren haben zahlreiche Steuerreformen und die Globalisierung dazu geführt, dass besonders hohe Einkommen deutlich weniger belastet werden. Die Steuersätze der Superreichen sind immer weiter gesunken, und zwar stärker als die der Mittelschicht. Gleichzeitig ist die Kluft zwischen dem kleinen, superreichen Teil der Bevölkerung und den ärmsten Bevölkerungsgruppen immer größer geworden.

Es ist schwierig, die Steuersätze der statistisch schlecht erfassten Superreichen zu ermitteln, und noch schwieriger ist es, die historische Entwicklung zu rekonstruieren.

Anhand des konkreten Beispiels der BMW-Erbin Susanne Klatten lassen sich die Auswirkungen der Steuerreformen der letzten Jahrzehnte aber deutlich zeigen: Im Jahr 1996 flossen noch etwa 60 Prozent ihrer Erträge aus der BMW-Beteiligung in die Staatskasse. Der effektive Steuersatz für ihre Einkünfte hat sich also mehr als halbiert.

Durchschnittsverdienende wurden seit dem Jahr 1996 ebenfalls entlastet, jedoch weit weniger stark. Ihre Einkommensteuerlast sank um 17 Prozent, und unter Berücksichtigung der Sozialabgaben sogar nur um 8 Prozent. Im gleichen Zeitraum wurde dafür die Mehrwertsteuer von 16 Prozent auf 19 Prozent erhöht, was die Mittelschicht deutlich stärker belastet hat als die BMW-Erbin, die den größten Teil ihres Einkommens sparen kann.

Gleichzeitig ist der Zuwachs ihres Einkommens beachtlich: Sind der Erbin im Jahr 1996 aus der BMW-Beteiligung noch 77 Millionen DM zugeflossen, waren es im Jahr 2022 bereits etwa 3,8 Milliarden Euro – eine Steigerung um den Faktor 100.[34] Das durchschnittliche Arbeitseinkommen in Deutschland ist im gleichen Zeitraum nur um 65 Prozent gestiegen – also um den Faktor 1,65.[35]

30 Jahre Steuerreformen für Superreiche

Zahlreiche Reformen haben seit Mitte der 1990er- bis in die 2000er-Jahre zur Verringerung des Steuersatzes von Superreichen beigetragen. Allen voran war das die Aussetzung der Vermögensteuer ab 1997. Im darauffolgenden Jahr wurde eine weitere Form der Vermögensteuer für Unternehmen abgeschafft: die Gewerbekapitalsteuer. Außerdem war die schrittweise Senkung der Körperschaftsteuer von 30 Prozent auf heute 15 Prozent in den Jahren 1998, 2001 und 2008 ein entscheidender Faktor bei der Entlastung von Vermögenden.

In Ergänzung dazu hat die Umstellung des Anrechnungsverfahrens der Körperschaftsteuer auf das sogenannte Teileinkünfteverfahren beziehungsweise die Abgeltungsteuer (2002 und 2009) dazu beigetragen, dass heute die Gewinne in den »Spardosen« der Superreichen niedrig besteuert angespart werden können.

Exkurs: Vom Anrechnungsverfahren zum Teileinkünfteverfahren

Diese recht komplizierte und tiefgreifende Reform der Besteuerung von Unternehmen lässt sich am Beispiel der BMW-Erben darstellen: Bis 2001 konnte die in Deutschland gezahlte Körperschaftsteuer des Unternehmens noch auf die persönliche Einkommensteuer angerechnet werden. Das bedeutet, BMW musste zunächst Unternehmenssteuern zahlen. Im Jahr 1996 lag der Steuersatz bei rund 57 Prozent und damit etwa doppelt so hoch wie heute. Bei der Ausschüttung der BMW-Gewinne an die Erben fiel zudem die persönliche Einkommensteuer von 54 Prozent an (inklusive Solidaritätszuschlag).[36] Allerdings konnte die von BMW gezahlte Körperschaftsteuer auf die Einkommensteuer angerechnet werden. Die Unternehmenssteuer war also eine Art Vorauszahlung auf die persönliche Einkommensteuer der Eigentümer. Das Ansparen von Gewinnen im Unternehmen oder Holding-Gesellschaften hatte damals also keine steuerlichen Vorteile.

Aufgrund der Internationalisierung der Finanzmärkte konnte

dieses System nicht ohne Weiteres aufrechterhalten werden. Denn im Ausland konnten die Körperschaftsteuern nicht auf die Einkommensteuer angerechnet werden. Diese Benachteiligung von Auslandsbeteiligungen widersprach dem europäischen Recht.

Verbrauchsteuern für die Armen

Wir sehen, dass die Einkommensteuer deutlich weniger progressiv ist, als die meisten Menschen annehmen. Ausgerechnet bei den reichsten Menschen des Landes nehmen die Steuersätze wieder ab, und Sozialbeiträge fallen auf diese Einkommensbereiche erst gar nicht an. Die umverteilende Wirkung des Einkommensteuer- und Abgabensystems zeigt sich vor allem durch die Umverteilung von der (oberen) Mittelschicht hin zu den unteren Einkommensgruppen.

Betrachtet man das ganze Steuersystem statt nur die Steuern und Abgaben auf das Einkommen, nimmt die Progressivität sogar noch weiter ab. Neben direkten Steuern und Sozialbeiträgen, die unmittelbar vom Einkommen abgezogen werden, gibt es auch sogenannte indirekte Steuern. Dazu zählen zum Beispiel die Mehrwertsteuer und Verbrauchsteuern auf Güter wie Energie, Tabak, Alkohol und die Kfz-Nutzung. Fast die Hälfte der gesamten Steuereinnahmen in Deutschland stammt aus diesen Steuern.

Unabhängig vom jeweiligen Einkommen der Konsumenten gilt dabei für alle der gleiche proportionale Steuersatz. Egal, ob jemand mit einem besonders niedrigen Einkommen einkauft, der Vorstand eines Großkonzerns oder Milliardäre – alle zahlen den gleichen Mehrwertsteuersatz. Weil aber Geringverdiener einen größeren Anteil ihres Einkommens oder häufig sogar alles für Konsum ausgeben müssen, während der Vorstand mehr und die Milliardäre fast ihr gesamtes Einkommen sparen, werden sie durch diese Steuern relativ stärker belastet.

Obwohl Menschen mit geringem Einkommen weniger oder manchmal überhaupt keine Einkommensteuern und Sozialbeiträge zahlen, tragen sie relativ in größerem Umfang zu Mehrwert- und Verbrauchsteuern bei. Werden diese indirekten Steuern in die Gesamtbetrachtung einbezogen, wirkt das Steuersystem bei den unteren Einkommensgruppen sogar regressiv. Das bedeutet, dass Menschen mit geringem Einkommen effektiv einen größeren Anteil ihres Einkommens in die Gemeinschaftskasse einzahlen.[37]

Das Steuersystem lässt sich reparieren

Die Wirklichkeit des deutschen Steuersystems ist also mittlerweile ziemlich weit weg von der häufig unterstellten Progressivität. Wie kommen wir wieder zu einem Steuersystem, das die Leistungsfähigkeit – also das was jemand tatsächlich beitragen kann – sowie auch das, was jemand tatsächlich durch eigene Arbeit leistet, stärker berücksichtigt?

Die gute Nachricht ist, dass es gar nicht viele verschiedene Reformen braucht, um das Einkommensteuersystem zu reparieren. Ein einziges, entscheidendes Update könnte dafür sorgen, dass die höchsten Einkommen wieder progressiver besteuert werden: die Einführung einer Vermögensteuer für Superreiche.

Zunächst mag es etwas widersprüchlich klingen, Vermögen und Einkommen in einen Topf zu werfen. Aber eine

Steuer auf Vermögen wirkt letztlich wie eine indirekte Steuer auf Vermögenserträge. Der Vorteil: Dieser Steuer kann man sich auch durch übliche Beteiligungsstrukturen nicht entziehen. Egal ob die Unternehmensanteile direkt oder über Holding-Gesellschaften gehalten werden, die Steuer bemisst sich nach dem gesamten Vermögen, was einer Person zuzuordnen ist. Vermögende müssen sich dann einen Teil der Gewinne aus den Unternehmen oder den »Spardosen-Gesellschaften« auszahlen lassen, um die Steuer zu begleichen.

Dabei könnte die Vermögensteuer beispielsweise als zweiprozentige Mindeststeuer ausgestaltet werden. Konkret bedeutet das: Superreiche zahlen jährlich mindestens 2 Prozent ihres Vermögens als Steuer. Die bereits gezahlte persönliche Einkommensteuer kann dabei angerechnet werden. Diejenigen, die schon einen fairen Beitrag entsprechend ihrer Leistungsfähigkeit zahlen, müssten keine zusätzliche Steuer zahlen. Wer aber beispielsweise trotz seines Multimillionen- oder Milliardeneinkommens einen Steuersatz hat, der deutlich unterhalb des Höchststeuersatzes liegt, würde die Vermögensteuer entsprechend zahlen. Ein Steuersatz von 2 Prozent kann bewirken, dass Superreiche auf ihr gesamtes wirtschaftliches Einkommen etwa 40 bis 60 Prozent an Steuern zahlen müssen. Damit würden sie einen vergleichbaren Anteil ihres Einkommens abgeben wie die Mittelschicht.

Wirkung der Vermögensteuer auf Unternehmen

Erzielt ein Unternehmen eine Rendite von 7 Prozent nach Steuern und zahlt effektiv 30 Prozent Steuern, ergibt eine Vermögenssteuer von 2 Prozent beim Eigentümer einen Gesamtsteuersatz von etwa 58 Prozent auf den Unternehmensgewinn. Liegt der effektive Unternehmensteuersatz hingegen bei nur 25 Prozent, beträgt der Gesamtsteuersatz entsprechend nur 51 Prozent.

Die Möglichkeit, bereits gezahlte persönliche Einkommensteuern auf die Vermögensteuer anzurechnen, sowie Mechanismen zum Ausgleich wirtschaftlich schlechterer Jahre könnten gewährleisten, dass produktiv investierte Vermögen nicht unverhältnismäßig stark belastet werden.

Die Steuer hätte darüber hinaus einen positiven Anreiz: Bei erfolgreichem Unternehmertum lassen sich Vermögensteuern auf Betriebsvermögen leicht aus den Gewinnen bezahlen. Der Kauf und Besitz von klimaschädlichen Privatjets oder Jachten würde hingegen unattraktiver werden.

Im besten Fall wird diese Vermögensteuer international abgestimmt. Denn nicht nur Deutschland, sondern auch viele andere Länder haben in den vergangenen Jahrzehnten Steuern für Kapitalerträge und hohe Einkommen gesenkt und sind nun mit ähnlichen Herausforderungen konfrontiert. Für die USA, Frankreich und die Niederlande konnten Forschende in Zusammenarbeit mit den zuständigen nationalen Steuerbehörden nachweisen, dass die Steuerquoten auch dort bei den reichsten Menschen des Landes stark sinken.[38]

Anfang des Jahres 2024 wurden im Rahmen der G20-Treffen auf Initiative des brasilianischen Vorsitzes erstmals international Vermögenssteuern für Superreiche diskutiert. Bereits Ende 2024 einigten sich die Staats- und Regierungschefs der führenden Industrie- und Schwellenländer darauf, eine koordinierte Besteuerung großer Vermögen voranzutreiben. Damit ist die Vermögensteuer auf höchster internationaler Ebene angekommen.

Wie wir in Kapitel 4 sehen werden, können die Einnahmen aus einer Vermögensteuer in Deutschland besonders hoch sein, weil die Vermögen stark konzentriert sind. Mit den Mehreinnahmen könnten beispielsweise langfristig mittlere Einkommen entlastet werden oder nötige Zukunftsinvestitionen finanziert werden.

Bürgerversicherung für alle

Weiteres Entlastungspotential für die Mitte der Gesellschaft findet sich im Bereich der Sozialversicherung, insbesondere bei der Krankenversicherung. Dort findet aktuell eine starke Umverteilung statt: Menschen mit höheren Einkommen zahlen höhere Beiträge und erhalten im Gegenzug die gleichen Leistungen wie alle anderen. Zudem sind nichteinzahlende Familienmitglieder kostenlos mitversichert. Aber ausgerechnet Menschen mit sehr hohen Einkommen haben die Möglichkeit, aus der gesetzlichen Krankenversicherung auszutreten und sich stattdessen privat zu versichern. Und selbst diejenigen, die bleiben, müssen nur für einen Teil ihres Einkommens – bis zur Bemessungsgrenze – Beiträge zahlen.

Das schwächt die solidarische Umverteilung innerhalb der Sozialversicherung, die darauf abzielt, von den Gutverdienenden, Gesunden und Kinderlosen zu den Familien mit geringeren und mittleren Einkommen sowie den gesundheitlich Belasteten umzuverteilen. Besser wäre hier eine Bürgerversicherung, in der alle Bürger einbezogen sind, auch Beamte und Selbständige.

In Dänemark, Schweden und Norwegen wird die Gesundheitsversorgung übrigens durch Steuern finanziert. In Deutschland ist eine Umstellung von den Sozialbeiträgen auf eine Finanzierung aus Steuern eher unwahrscheinlich. Eine Anhebung der Beitragsbemessungsgrenzen und eine Erweiterung des Versichertenkreises wäre allerdings durchaus denkbar. In einem solchen System würden schätzungsweise die einkommensstärksten 10 Prozent stärker belastet als bisher und die breite Mitte der Bevölkerung könnte über geringere Beitragssätze entlastet werden. [39]

4 Vermögen und Erbschaften – Wem gehört Deutschland?

Demokratie versus Macht der Vermögen

Wer genug Ersparnisse hat und vielleicht noch ein Haus besitzt, kann sich Zeit für sich selbst nehmen. Zeit für die persönliche Weiterentwicklung, für die Pflege und Versorgung von Angehörigen oder die Erziehung der eigenen Kinder. Vermögen schafft die Freiheit, wichtige Lebensentscheidungen eigenständig zu treffen. Es verleiht Sicherheit und Unabhängigkeit von staatlicher Unterstützung – auch in Krisenzeiten.

Weil Bildungschancen in Deutschland stark vom Elternhaus abhängen, können wohlhabendere Menschen zudem ihren Kindern oft eine bessere Zukunft ermöglichen. Und Vermögen verlängert sogar die Lebenszeit: Studien zeigen immer wieder, dass reiche Menschen im Durchschnitt länger leben als ärmere.

Glaubt man einer eigens von der Bundesregierung in Auftrag gegebenen Studie, werden Interessen wohlhabenderer Menschen in Deutschland auch bei politischen Entscheidungen stärker berücksichtigt.[40]

Doch ab einem gewissen Umfang bietet Vermögen noch weit mehr als Sicherheit, Gesundheit und Wohlstand. Wenn das eigene Vermögen die persönlichen Konsummöglichkeiten sowie die aller Angehörigen weit übersteigt, kann es zum Werkzeug für die Gestaltung von wirtschaftlichen, politischen und gesellschaftlichen Entwicklungen werden.

Wer über Vermögen jenseits der eigenen Konsummöglichkeiten verfügt, investiert das in aller Regel. Entweder im eigenen Unternehmen oder am Kapitalmarkt. Das Vermögen kann in Projekte und Unternehmen gesteckt werden, die der persönlichen Überzeugung und den eigenen Interessen entsprechen. Die Investitionsentscheidungen können selbst getroffen oder Managern beziehungsweise Vermögensverwaltern überlassen werden. Große Vermögen können dabei wirtschaftliche Entwicklungen maßgeblich beeinflussen. Sie könnten zum Beispiel gezielt in die Entwicklung neuer, umweltfreundlicher Technologien, Produkte oder Dienstleistungen fließen und so den Übergang zu einer nachhaltigeren Wirtschaft beschleunigen. Manchmal können einzelne Investitionsentscheidungen sogar die Richtung ganzer Branchen lenken. Und das ganz ohne demokratisches Mandat.

Investitionen sind selten eindeutig gut oder schlecht. Doch ein großes Vermögen verleiht in jedem Fall eine erheblich stärkere gesellschaftliche Gestaltungsmacht als die Konsumentscheidungen einzelner Menschen der Mittelschicht. Und je größer das Vermögen, desto mehr Gestaltungsmacht geht damit einher.

Aber wie sind Vermögen, Wohlstand und Gestaltungsmacht im Land verteilt? Und wie wird Vermögen besteuert?

Deutschland ist reich

Insgesamt ist Deutschland ein sehr reiches Land. In den vergangenen Jahren sind die Privatvermögen kräftig gewachsen. Je nach Rechenmethode werden sie auf ein Gesamtvolumen von mindestens 16,5 Billionen Euro geschätzt.[41] Dazu zählen sämtliche Vermögenswerte wie Immobilien, Aktien, Wertpapiere, Autos oder Bargeld abzüglich der Schulden.

Teilt man das Gesamtvermögen auf alle rund 70 Millionen Erwachsenen in Deutschland auf, bleibt jedem ein beachtliches Vermögen von rund 240.000 Euro. Zwei Personen, die sich einen Haushalt teilen, kommen theoretisch somit zusammen auf etwa eine halbe Million Euro. Laut der Großbank Credit Suisse rangiert Deutschland bei den Durchschnittsvermögen auf Platz 17 und gehört somit zu den reichsten Ländern der Welt.[42]

Der Durchschnittswert sagt jedoch wenig darüber aus, was die breite Mitte der Bevölkerung tatsächlich besitzt. Das Medianvermögen, also der Wert, bei dem genau die Hälfte der Bevölkerung mehr und die andere Hälfte weniger besitzt, gibt ein realistischeres Bild der Vermögensverteilung. Laut Bundesbank lag das Medianvermögen der Haushalte im Jahr 2021 bei 103.000 Euro – in Ostdeutschland betrug es rund 40.000 Euro und im Westen etwa 125.000 Euro.[43]

Dass der Medianwert so weit unterhalb des Durchschnitts liegt, zeigt, dass einige wenige Menschen über beträchtliche Vermögenswerte verfügen, während andere nur einen Bruchteil davon oder gar Schulden besitzen.

Armut im Fokus

Wer Journalisten, Ökonomen und Politiker fragt, wie groß die Vermögensungleichheit in Deutschland ist und ob sie in den vergangenen Jahren weiter zugenommen hat, erhält unterschiedliche Antworten. Man sollte meinen, dass es auf diese Frage eine unstrittige Antwort gibt. Kennt der Staat, der für Verteilungsgerechtigkeit und die Absicherung von Risiken verantwortlich ist, nicht die Vermögensverhältnisse seiner Bürger?

Die Antwort lautet: Nur ungenügend. Seit die Vermögensteuer im Jahr 1997 ausgesetzt wurde, gibt es in Deutschland keine amtliche Vermögenserfassung mehr. Die Forschung in diesem Bereich ist lückenhaft. Aufgrund des neoliberalen Zeitgeistes vergangener Jahrzehnte und der weit verbreiteten Trickle-Down-Theorie wurde Vermögensungleichheit lange Zeit nicht als ein Problem betrachtet, das erforscht werden muss.[44] Erst in den 2010er-Jahren begann die Wissenschaft in Deutschland, sich ernsthaft mit den Problemen übermäßigen Reichtums auseinanderzusetzen.[45]

Im Gegensatz zum Überreichtum wurde Armut schon immer als ein Problem anerkannt, und das über alle politischen Parteigrenzen hinweg. Sie war in der Vergangenheit ein zentrales Thema und steht weiterhin im Fokus der Arbeit von Regierungen sowie Entwicklungs- und Wohltätigkeitsorganisationen. Daher haben wir umfassendes Wissen über die Armen. Armut ist leichter zu erforschen, denn arme Menschen sind auf den Wohlfahrtsstaat angewiesen. Und der knüpft die Erbringung von Leistungen an die Offenlegung ihrer finanziellen Verhältnisse.

Die vermögenslose Hälfte

Die Armen sind im Vergleich zum Rest der Gesellschaft in den vergangenen Jahrzehnten ärmer geworden. Der Anteil, den die ärmere Hälfte der Bevölkerung am Gesamtvermögen hält, hat sich seit den 1970er-Jahren etwa halbiert.[46] Laut Bundesbank gehören ihnen gerade einmal rund 2 Prozent.[47] Im Schnitt hat damit jeder dieser rund 35 Millionen Erwachsenen außer Fernseher, Kühlschrank und weiterer Konsumgüter etwa 10.000 Euro Vermögen. Einige von ihnen etwas mehr, andere dafür nichts oder gar Schulden.

Im internationalen Vergleich steht Deutschland damit nicht gut da. Hierzulande leben besonders viele Menschen ohne nennenswertes Vermögen. Das liegt vor allem daran, dass wenige Wohneigentum besitzen. Während in Deutschland über die Hälfte der Bevölkerung zur Miete wohnt, ist dieser Anteil in allen anderen EU-Ländern geringer.[48]

Die vergleichsweise gute Absicherung durch den Sozialstaat und insbesondere die gesetzliche Rentenvorsorge bieten dennoch eine grundlegende Sicherheit für vermögenslose Menschen. Berücksichtigt man die Rentenansprüche, steigt der Anteil der ärmeren Hälfte der Bevölkerung am Gesamtvermögen auf etwa 9 Prozent.[49]

Allerdings unterscheiden sich Rentenansprüche vom übrigen Vermögen, da sie weder veräußert noch vererbt werden können, sofern keine Auszahlung erfolgt. Zudem stehen den eigenen Rentenansprüchen für die Zukunft finanzielle Verpflichtungen gegenüber, die zur Sicherung der Renten der heutigen Generation beitragen. Weil ein Teil der Bevölkerung außer dem Rentenversprechen für die Zukunft in Deutschland so gut wie keinen Anteil an Wohlstand und

Vermögen hat, sind diese Menschen vom funktionierenden Staat abhängig. Jeder Angriff auf den Sozialstaat stellt für diesen Teil der Gesellschaft potenziell einen Angriff auf die Existenzgrundlage dar.

Die Wissenslücke

Für die soziale, wirtschaftliche und politische Stabilität einer Gesellschaft spielt neben möglichst geringer Armut auch die Mittelschicht eine wichtige Rolle. Diese Bevölkerungsgruppe, die weder zu den Ärmsten noch zu den Reichsten zählt, fungiert als Rückgrat der Volkswirtschaft und des gesellschaftlichen Zusammenhalts.

Die Vermögens- und Einkommenssituation der breiten Mitte beziehungsweise oberen Mittelschicht ist ebenso wie die der ärmeren Hälfte recht gut durchleuchtet. Haushaltsbefragungen und Daten von Banken liefern hierzu verlässliche Daten.

Die Menschen »oberhalb« der vermögenslosen Hälfte bis hin zu den reichsten 10 Prozent besitzen etwa 30 Prozent des Gesamtvermögens. Diesen Anteil konnten sie in den vergangenen Jahrzehnten aufrechterhalten. Das liegt vor allem daran, dass diese Menschen Wohneigentum besitzen und die Werte ihrer Immobilien in der Vergangenheit teils stark gestiegen sind.

Weil die Vermögenstatistiken fehlen, sind Haushaltsbefragungen auch im Hinblick auf die Vermögen der reichen und reichsten Teile der Bevölkerung die entscheidende Informationsquelle. Die Bundesbank schätzt demnach, dass das reichste Prozent in Deutschland 28 Prozent des deutschen Privatvermögens besitzt.[50] Menschen in dieser Gruppe können ihren Lebensunterhalt weitestgehend aus ihrem Vermögen bestreiten und müssen nicht mehr arbeiten.[51]

Vermögen sind damit grundsätzlich noch einmal ungleicher verteilt als Einkommen – so auch in Deutschland. Der Gini-Koeffizient, der die Vermögensungleichheit misst, liegt bei 0,77 (siehe Gini-Koeffizient, S. 35).[52] Im europäischen Vergleich rangieren die einzelnen Länder in einem Bereich zwischen 0,56 und 0,77. Deutschland nimmt somit nach den Daten der Bundesbank bei der Ungleichverteilung der Vermögen zusammen mit Österreich einen unrühmlichen Spitzenplatz ein.[53]

Die Haushaltsbefragungen, auf denen die Schätzung beruht, haben aber einen Haken: Superreiche, und vor allem diejenigen, die zu den reichsten 0,01 Prozent gehören, geben nur ungern Auskunft über ihre Vermögensverhältnisse und werden deshalb nicht ausreichend erfasst. Diese wenigen Menschen haben ein Vermögen jenseits von 100 Million Euro. Selbst durch umfangreiche Zusatzstichproben ist dieser kleine Personenkreis kaum zu erreichen. Das führt dazu, dass diese Vermögen in den Befragungen fehlen und die Vermögen bei den allerreichsten Menschen unterschätzt sind.

Wem gehört Deutschland?

Forscher, die diese Wissenslücke schließen wollen, greifen bisher auf journalistische Reichenlisten zurück – etwa die des Manager Magazins oder von Forbes. Obwohl der private Reichtum einiger Haushalte in Deutschland beträchtlich ist und von staatlichem Interesse sein müsste, basiert unser Wissen über Milliardenvermögen hauptsächlich auf journalistischer Arbeit. Diese Listen erheben aber keinen wissenschaftlichen Anspruch. Der Fokus liegt vor allem auf Unternehmen beziehungsweise Unternehmensanteile der Reichen und eher auf der richtigen Reihenfolge in der Vermögenshierarchie als auf der exakten Vermögenshöhe.

Privatvermögen, das nicht in größerem Umfang betrieblich gebunden ist, lässt sich zudem nur schwer oder gar nicht identifizieren und findet sich weitgehend nicht in diesen Listen.

Das Deutsche Institut für Wirtschaftsforschung schätzt im Rahmen seiner Haushaltsbefragung (Sozio-oekonomisches Panel) die Vermögen der Superreichen anhand der Reichenliste des Manager Magazins hinzu. Dieser Schätzung nach besitzt das reichste Prozent 35 Prozent des gesamten Vermögens und die reichsten 10 Prozent halten zusammen 67 Prozent. Nach diesen Daten ergibt sich für Deutschland so ein Gini-Koeffizient von 0,83[54] (siehe Gini-Koeffizient, S. 35).

226 Familien mit einem Vermögen von jeweils über 1 Milliarde Euro zählte das Manager Magazin in Deutschland im Jahr 2023. Zusammen besitzen diese wenigen Familien den Journalisten zufolge ein Vermögen von 916 Milliarden Euro. Das sind etwa 5 bis 6 Prozent des Gesamtvermögens in Deutschland (siehe Abb. 2 Vermögensverteilung, S. 67).

Forbes zählt stattdessen die individuellen Milliardäre und identifizierte 117 von ihnen in Deutschland. Damit leben fast 5 Prozent aller Milliardäre auf der Welt in Deutschland und nur in drei anderen Ländern finden sich mehr (USA, China, Indien).

Eine Studie des Netzwerk Steuergerechtigkeit ergab, dass die Vermögen in diesen Reichenlisten teilweise unter-

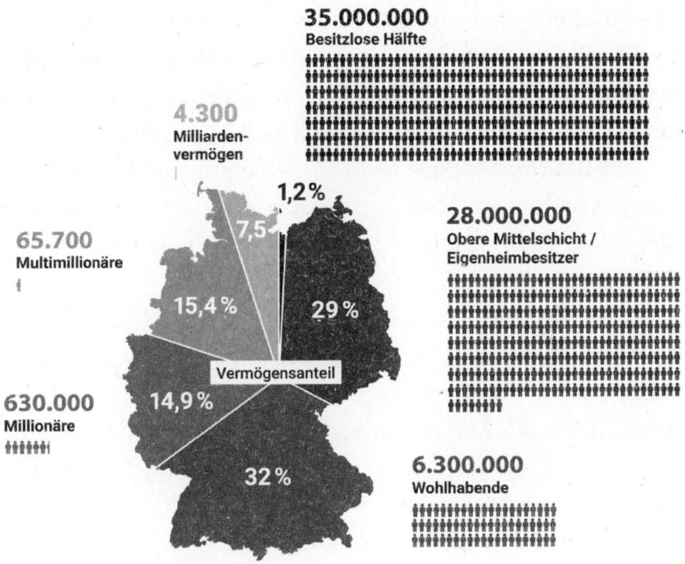

Abb. 2: Vermögensverteilung

Zwei Drittel des Vermögens gehört den reichsten 10 Prozent (Anzahl der Erwachsenen in Deutschland 2022: 70.107.122).

© Jahrbuch Steuergerechtigkeit 2024, Pantea Lachin und Emily Sadler; Quelle: Eigene Darstellung basierend auf Schröder et al. (2020) und Jirmann & Trautvetter (2023)

bewertet und zudem lückenhaft sind. Tatsächlich dürften die Milliardenvermögen statt 917 Milliarden mehr als 1,4 Billionen Euro wert sein, wie die Untersuchung zeigt.

Ein Beispiel für die Problematik der Reichenlisten, die sich im Rahmen dieser Studie zeigte: Die Erben und Anteilseigner des Pharmaunternehmens Boehringer Ingelheim verfügen über ein Vermögen von mindestens 50 Milliarden Euro. Trotz ihrer erheblichen gesellschaftlichen und wirtschaftlichen Verantwortung und Einflussmöglichkeiten ziehen sie es vor, nicht öffentlich in Erscheinung zu treten. Sie sind gerichtlich gegen ihre Nennung in Reichenlisten vorgegangen. Seither darf das Manager Magazin die Familie nicht mehr aufführen. Damit fehlte in der gängigen Verteilungsforschung bisher das größte deutsche Vermögen.

Aufgrund dieser Wissenslücken beziehungsweise fehlender amtlicher Vermögensstatistiken lässt sich die Entwicklung der Ungleichheit teils nur unzureichend und zeitlich verzögert messen. Doch in zwei Punkten gibt es wenig Zweifel: Die Vermögensungleichheit in Deutschland ist im internationalen Vergleich besonders ausgeprägt.

Während die ärmere Hälfte der Bevölkerung in den vergangenen Jahrzehnten insgesamt keinen realen Vermögenszuwachs verzeichnen konnte, sind die Vermögen an der Spitze gewachsen. Zu Beginn der 1990er-Jahre waren die Haushalte der obersten 10 Prozent etwa 50-mal reicher als die Haushalte in der unteren Hälfte. Heute sind sie bereits 100-mal reicher[55], denn seit damals sind nicht nur die Milliardenvermögen in Deutschland stetig gewachsen. Die Schere zwischen Arm und Reich hat sich also weiter geöffnet.

Wer sind Deutschlands Superreiche?

Die knapp über 200 Milliardenvermögen in Deutschland sind im Besitz von rund 4.300 Haushalten. In der öffentlichen Wahrnehmung wird Reichtum oft mit Unternehmertum gleichgesetzt. Einer genaueren Analyse kann dieses Bild der deutschen Unternehmerdynastien allerdings nicht standhalten. Zwar stammen viele dieser Vermögen ursprünglich aus großen Familienunternehmen, doch mittlerweile ist fast jedes fünfte Vermögen nicht mehr direkt mit dem ursprünglichen Unternehmen verbunden. Die Unternehmen oder die Anteile daran wurden also bereits verkauft, und die Erlöse wurden wieder am Finanzmarkt investiert.

Von den verbleibenden Familienunternehmen wird die Hälfte nicht mehr von den Gründern oder ihren Erben geführt, sondern von externen Managern. Die Familien sind in diesen Fällen höchstens noch in Kontrollgremien vertreten oder als reine Anteilseignern ohne aktive Rolle im Unternehmen. Somit findet man unter den reichsten Menschen des Landes häufiger Aufsichtsräte, Investoren oder selbsternannte Philanthropen statt Unternehmer.

Nur hinter 40 Prozent der Milliardenvermögen steckt das, was sich die Mehrheit der Menschen darunter vorstellt: ein familiengeführtes Unternehmen, in dem zumindest einer der Anteilseigner eine leitende Rolle im Unternehmen innehat.

Zudem sind Deutschlands Milliardenvermögen auch im Jahr 2023 noch fest in männlicher Hand: Nur 17 Prozent der deutschen Milliardenvermögen werden überwiegend von einer Frau kontrolliert. Bei lediglich 9 Prozent der Milliardenunternehmen, die operativ von Familien geführt werden, steht eine Frau an der Spitze – in der Hälfte dieser Fälle teilt sie sich die Führung mit einem Mann.

Bemerkenswert ist auch, dass es fast 35 Jahre nach der deutschen Wiedervereinigung laut Reichenlisten keinen einzigen Milliardär ostdeutscher Herkunft gibt.[56] Das liegt unter anderem daran, dass enormer Reichtum häufig nicht auf besondere individuelle Leistung und außergewöhnliches unternehmerisches Geschick zurückzuführen ist, sondern regelmäßig auf das Elternhaus und damit eine gewisse Familiengeschichte in einem marktwirtschaftlichen Umfeld.

Reichtum ist erblich

Als wichtigste Legitimation von Ungleichheit gilt das Leistungsprinzip. Eine große Mehrheit der deutschen Gesellschaft unterstützt dieses Prinzip.[57] Demnach sollen Menschen unterschiedlich »belohnt« werden, basierend auf ihren individuellen Leistungen, Fähigkeiten und Anstrengungen. Personen, die härter arbeiten und mehr Nutzen für die Gesellschaft erbringen, sollten im Gegenzug mehr erhalten als diejenigen, die weniger leisten.

Lassen sich so auch Vermögen in Milliardenhöhe rechtfertigen? Es ist zunächst fraglich, ob man Vermögen in dieser Größenordnung durch eigenes Geschick und besondere Leistung überhaupt erwirtschaften kann oder ob sie nicht viel mehr auf der Leistung von Mitarbeitern sowie gesamtgesellschaftlichen Strukturen beruhen. Für den überwiegenden Teil der großen Vermögen stellt sich die Frage, ob man Milliardenvermögen selbst erarbeiten kann, aber ohnehin nicht. Denn die großen Vermögen werden mittlerweile immer seltener zu Lebzeiten erwirtschaftet, sondern leistungslos ererbt. Die Schweizer Großbank UBS stellt in ihrem »Billionaire Ambitions Report 2023« fest, dass bereits weltweit mehr als die Hälfte der großen Vermögen geerbt wurde. Demnach standen 84 neue Selfmade-Milliardäre mit einem Vermögen von 140 Milliarden US-Dollar 53 Erben mit einem geerbten Vermögen von 150 Milliarden US-Dollar gegenüber.[58]

Auch die deutschen Vermögen beruhen inzwischen zu mehr als der Hälfte auf Erbschaft und Schenkung.[59] Betrachtet man die Superreichen, zeigt sich, dass trotz der maßgeblichen Beteiligung an zwei Weltkriegen und hoher Verluste das Vermögen über mehr als ein Jahrhundert hinweg zum

Teil durchaus stabil geblieben ist: Von den 500 reichsten Familien gehörten bereits 8 Prozent im Kaiserreich zu den vermögendsten.[60]

Die Erbschaftswelle rollt

Die größte Erbschaftswelle der deutschen Geschichte rollt derzeit über das Land. Die Nachkriegsgeneration hat beträchtliche Privatvermögen aufgebaut und gibt sie nun weiter. Aktuell werden jährlich 300 bis 400 Milliarden Euro vererbt oder verschenkt – im Durchschnitt somit etwa 1 Milliarde jeden Tag.[61] Das entspricht etwa 10 Prozent des Bruttoinlandsproduktes – also dem Gesamtwert sämtlicher Güter und Dienstleistungen, die in Deutschland hergestellt werden.

Der generationenübergreifende Vermögensaufbau einer Gesellschaft kann als Wohlstandsgewinn betrachtet werden. Erbschaften und Schenkungen tragen dazu bei, dass nachfolgende Generationen nicht bei null starten müssen, sondern auf vorhandenen Vermögenswerten aufbauen können.

Allerdings erreicht die Erbschaftswelle – also der Wohlstandsgewinn – nur einen Teil der Bevölkerung. Erbschaften und Schenkungen werden ebenso ungleich verteilt, wie die Nettovermögen bereits ungleich verteilt sind. Die reichsten 10 Prozent der Gesellschaft erhalten die Hälfte des weitergereichten Vermögens, während die ärmere Hälfte kaum profitiert. Somit startet also ein großer Teil der Bevölkerung trotz der großen Vermögen die jährlich weitergereicht werden mit leeren Händen und kann den anderen Teil unabhängig von eigenem Talent und Fleiß kaum mehr einholen. Erschwerend kommt hinzu: Personen, die viel erben, haben im Durchschnitt nicht nur bereits vorher mehr Vermögen, sondern erzielen auch ein höheres Einkommen.[62]

Westdeutsche Männer bevorzugt

Männer werden beim Erben und Schenken bevorzugt. Bei der Weitergabe von Vermögen an die nächste Generation gilt auch im engsten Familienkreis: Je größer das Vermögen, desto unwahrscheinlicher ist es, dass eine Frau die Begünstigte ist. Der Gender Gift Gap ist besonders groß bei der Weitergabe der großen Unternehmensvermögen. Davon landete in den vergangenen zehn Jahren nur rund ein Drittel bei Frauen.[63]

Noch deutlich weniger profitieren Menschen in Ostdeutschland von Vermögenstransfers. Eine detaillierte Auswertung der Steuerstatistik zeigt, dass nur 2 Prozent des Vermögens, das zwischen 2009 und 2020 vererbt oder verschenkt wurde, an Menschen in Ostdeutschland ging, obwohl dort mehr als 16 Prozent der Bevölkerung leben.

Exkurs Ostdeutschland:
Menschen im Osten erben und besitzen nicht nur weniger Vermögen, sondern erhalten im Durchschnitt auch 21 Prozent weniger Gehalt.[64] Zudem sind sie in den Spitzenjobs der Wirtschaft, Verwaltung, Justiz und den Medien deutlich unterrepräsentiert. So waren im Jahr 2022 nur 2,1 Prozent der Führungskräfte in der Justiz ostdeutscher Herkunft und nur 4,3 Prozent im Bereich der Wirtschaft – und das obwohl 20 Prozent der Bevölkerung in einem Ost-Bundesland geboren wurden. Lediglich in den Spitzenpositionen der Politik werden Menschen aus Ost und West entsprechend repräsentiert.[65]

Erbengesellschaft statt Leistungsgesellschaft

Die Möglichkeiten des individuellen sozialen Aufstiegs werden zunehmend von Erbschaften anderer bestimmt. Auf dem Immobilienmarkt sind die Folgen bereits deutlich spürbar: In deutschen Ballungsräumen können selbst Besserverdienende immer seltener Wohnraum erwerben, es sei denn, sie haben geerbt. Wenn ein Teil der Bevölkerung einen Vorsprung hat, den Menschen, die nicht erben, kaum mehr durch eigene Arbeit aufholen können, stellt das Fairness und das Leistungsversprechen infrage.

Auch in der Vergangenheit haben Erbschaften und die Zugehörigkeit zu privilegierten Familien den individuellen Wohlstand beeinflusst, jedoch nicht in dem Ausmaß wie heute. In den 1970er-Jahren machten ererbte Vermögen noch weniger als 25 Prozent der Privatvermögen aus – dieser Anteil hat sich seitdem mehr als verdoppelt.[66] Angesichts sinkender Wirtschaftswachstumsraten und abnehmender Produktivität wird sich dieser Trend fortsetzen und die Bedeutung von Erbschaften in Zukunft noch weiter steigen.

Obwohl wir uns in Deutschland als Leistungsgesellschaft verstehen, sind wir tatsächlich längst zu einer Erbengesellschaft geworden.

Hohe Ungleichheit schadet der Wirtschaft

Überreichtum auf der einen Seite und knappe finanzielle Mittel auf der anderen Seite untergraben nicht nur den Zusammenhalt der Gesellschaft und die Demokratie, sondern schaden langfristig auch der Wirtschaft.

Ein gewisses Maß an Ungleichheit kann aus wirtschaftlicher Perspektive durchaus wünschenswert sein, solange die Verteilung die freien Entscheidungen der Menschen widerspiegelt. Im besten Fall setzt moderate Ungleichheit wirtschaftliche Anreize, etwa für mehr Arbeit und Innovationen.

Sie wird jedoch zu einem Verlustgeschäft für die gesamte Gesellschaft, wenn die Verteilung nicht mehr auf freien Entscheidungen beruht, sondern das Ergebnis eines Systems ist, in dem viele Menschen ihre Fähigkeiten und Talente nicht ausschöpfen können und Leistung nicht entsprechend entlohnt wird.

Wenn beispielsweise Kinder aus weniger wohlhabenden Familien deutlich schlechtere Bildungschancen erhalten, bleiben viele Talente unentdeckt und ungenutzt. Und wenn Menschen trotz harter Arbeit nicht zu mehr Wohlstand gelangen können, verlieren sie die Motivation, sich weiterhin anzustrengen.

Wenn also Ungleichheit den fairen Wettbewerb begrenzt und Chancengleichheit nicht für alle gilt, leiden Produktivität und Wirtschaftswachstum darunter.

Deutschland ist Niedrigsteuerland für Vermögen

Wie ist Deutschland zur Erbengesellschaft geworden? Und was hat zu dieser hohen Vermögensungleichheit geführt?

Ein wesentlicher Faktor für die wachsende Kluft zwischen reichen und ärmeren Teilen der Bevölkerung ist, dass größere Vermögen tendenziell höhere Renditen erzielen als kleinere. Das liegt daran, dass Vermögende Zugang zu profitablen Investitionsmöglichkeiten haben und zudem von professionellen Finanzberatern profitieren. Gleichzeitig wurden in den vergangenen Jahrzehnten kontinuierlich die Steuern auf Vermögen und Vermögenseinkommen gesenkt, wodurch die Progressivität des Steuersystems abgenommen hat. Diese Faktoren haben dazu beigetragen, dass große Vermögen in den vergangenen Jahrzehnten deutlich schneller wachsen konnten, als sich ärmere Teile der Bevölkerung Vermögen aufbauen konnten.

Auch in zahlreichen anderen Industriestaaten ist der Trend sinkender Steuern auf Vermögen und Vermögenseinkommen zu beobachten. Allerdings belastet mittlerweile kaum ein Land mittlere Arbeitseinkommen so hoch mit Steuern und Abgaben wie Deutschland und gleichzeitig hohe Vermögen so niedrig.

Vermögensteuer gesucht

Wenn das Steuersystem besonders hohe Vermögenseinkommen nicht erfasst, könnte immerhin eine kontinuierliche Steuer auf die Vermögen selbst für mehr Gerechtigkeit sorgen.

Deutschland hat viele Jahrzehnte eine Vermögensteuer erhoben. Von 1923 bis 1996 war sie eine moderate Einnahmequelle der Bundesländer. Im letzten Jahr ihrer Erhebung brachte sie gut 9 Milliarden D-Mark ein und machte rund 1,1 Prozent der gesamten Steuereinnahmen aus.

Erhoben wurde sie auf das Nettovermögen oberhalb eines Freibetrags von 120.000 D-Mark. Der Steuersatz betrug 1 Prozent.[67]

Im Jahr 1995 entschied allerdings das Bundesverfassungsgericht, dass die Bewertung der Vermögensgegenstände gegen den Gleichheitsgrundsatz verstößt. Das Problem: Immobilien wurden bei der Vermögensteuer aufgrund veralteter Bewertungsregelungen zu niedrig bewertet. Das führte dazu, dass Besitzer von Immobilien weniger Steuern zahlen mussten als Menschen, die etwa Bar- oder Aktienvermögen besaßen, die eigentlich den gleichen Wert hatten.

Vermögensteuer möglich

Die Richterinnen und Richter entschieden nicht, dass eine Steuer auf Vermögen generell gegen die Verfassung verstößt. Wäre das der Fall, gäbe es keine Erbschaft- oder Grundsteuer, weil auch diese am Vermögen ansetzen. Zudem ist die Vermögensteuer sogar ausdrücklich als zulässige Steuerart im Grundgesetz aufgelistet.

Für eine verfassungskonforme Vermögensteuer müssten also lediglich die Bewertungsregeln für Immobilien angepasst werden. Zur Reform des Gesetzes kam es jedoch nie, weshalb die Steuer seit 1997 ausgesetzt ist.

Dabei spielte auch die politische Stimmung der 1990er-Jahre eine Rolle: Von der Entlastung der Vermögenden versprach man sich Wirtschaftswachstum. Auch in vielen anderen Staaten war die Vermögensteuer in dieser Zeit ein Auslaufmodell.

Seit 1997 hat der Staat durch die Aussetzung der Vermögensteuer auf etwa 400 Milliarden Euro Einnahmen verzichtet.[68] Natürlich hat die Entlastung der Vermögenden ihren Preis, denn die entgangenen Steuereinnahmen fehlten den Bundesländern. Bezahlt hat ihn vor allem die Mittelschicht. Die ausbleibenden Steuereinnahmen wurden teilweise durch eine Erhöhung der Grunderwerbsteuer ausgeglichen,[69] also durch eine Steuer, die beispielsweise junge Familien beim Kauf ihrer ersten Wohnung zahlen. Im Gegensatz zur Vermögensteuer fällt die Grunderwerbsteuer unabhängig davon an, ob die Eigentümer vermögend sind oder verschuldet und die Immobilie mit einem Kredit bezahlt wurde.

Grundsteuer – Vermögensteuer der Mittelschicht

Auch wenn es also keine Netto-Vermögensteuer gibt, existiert neben der Grunderwerbsteuer noch eine kontinuierlich anfallende Steuer auf Vermögen: die Grundsteuer, eine Steuer auf den Besitz von Grund und Boden. Allerdings wirkt diese Steuer ebenso wie die Erbschaftsteuer stark regressiv und belastet Hochvermögende kaum. Vielmehr ist sie eine Vermögensteuer für vermögenslose Mieter und die Mittelschicht mit Wohneigentum.

Warum ist die Grundsteuer nicht geeignet, um besonders großen Reichtum zu besteuern? Zunächst kommt es bei der Grundsteuer, wie bereits schon bei der Grunderwerbsteuer, nicht auf die tatsächlichen Vermögensverhältnisse des Eigentümers an. Die Steuer fällt auch dann an, wenn Haus und Grundstück zwar gekauft wurden, aber eigentlich noch der Bank gehören, weil der Kredit abbezahlt werden muss.

Eigentümer von Mietimmobilien zahlen die Steuer zudem nicht aus der eigenen Tasche, sondern dürfen sie auf die Mieter umlegen. Superreiche, die im Durchschnitt deutlich mehr Mietimmobilien besitzen als selbstgenutzten Wohnraum innerhalb von Deutschland, zahlen daher kaum Grundsteuer.

Und weil nur ein kleiner Teil ihres gesamten Vermögens auf selbstgenutzte Immobilien entfällt, unterliegt nur ein entsprechend geringer Teil ihres Vermögens der Steuer. Ganz anders sieht das für die Mittelschicht aus: Ihr Vermögen besteht überwiegend aus selbstgenutzten Wohnimmobilien.

Allerdings ist die Grundsteuer in Deutschland im internationalen Vergleich sehr gering. Im Jahr 2023 summierten sich die Einnahmen auf gut 15 Milliarden Euro. Somit fielen auf jedes der rund 33,5 Millionen Grundstücke[70] durchschnittlich rund 37 Euro Grundsteuer pro Monat an. Das bedeutet, dass die Grundsteuer im Schnitt weniger kostet als ein typischer Internetanschluss.

2021 wurden die Bewertungsregelungen der Grundsteuer reformiert, weil das Bundesverfassungsgericht die veralteten Regelungen kritisierte. Das neue Gesetz, das ab 2025 gilt, führt zwar dazu, dass einige Grundbesitzer etwas mehr Steuern zahlen, andere dafür aber etwas weniger. An der Höhe des gesamten Steueraufkommens soll sich durch die Neuregelung nichts ändern.

Wenn Lobbyorganisationen gegen die Reform der Grundsteuer mobil machen, wird in der Regel verschwiegen, dass die Steuer im internationalen Vergleich besonders niedrig ist.

Die Einnahmen aus der Grundsteuer fließen übrigens an die Gemeinden, die damit Schulen, Kitas, Schwimmbäder, Büchereien, örtliche Infrastruktur wie Straßen, Radwege oder Brücken finanzieren.

Es wird also deutlich: Aufgrund der großen Anzahl der Grundstücke spült die Steuer trotz vergleichsweise niedriger individueller Beiträge ein hohes Steueraufkommen in die Kassen der klammen Kommunen. Ein Vorteil der Steuer ist, dass sie kaum durch Steuervermeidung umgangen werden kann, aber das Potential einer echten Vermögensteuer hat die Grundsteuer dennoch nicht, weil sie vor allem von der Mitte und den Mieterinnen getragen wird.

Lastenausgleich – Vermögensteuer wirkt

Dass eine richtig ausgestaltete Vermögensteuer für Verteilungsgerechtigkeit sorgen kann, zeigt ein Blick in die jüngere deutsche Geschichte. Ungleicher als jetzt waren die Vermögen zur Kaiserzeit – also um die Wende zum 20. Jahrhundert – verteilt. Damals besaß das reichste Prozent der deutschen Bevölkerung rund die Hälfte des Vermögens und damit noch einmal fast 15 Prozentpunkte mehr als heute.

Die Inflation und die Weltwirtschaftskrise der 1920er-Jahre sorgten für einen starken Preisverfall von Vermögenswerten. Im Zweiten Weltkrieg wurden zudem große Teile des deutschen Vermögens zerstört. All das führte zu einem teilweisen Rückgang der Ungleichheit.

Daneben war allerdings eine politische Maßnahme der noch größere Gleichmacher: 1949 führte die Regierung aus Union und FDP unter Kanzler Konrad Adenauer den sogenannten *Lastenausgleich* ein, der die wirtschaftliche Ungleichheit nach dem Krieg reduzieren sollte. Eine einmalige Vermögensabgabe von 50 Prozent zur Finanzierung und Verteilung der Kriegslasten. Gezahlt werden musste sie sowohl von Unternehmen als auch von privaten Haushalten.

Die Abgabe konnte bis 1979 – also über einen Zeitraum von 30 Jahren – in vierteljährlichen Raten und mit Verzinsung abbezahlt werden. Das sorgte dafür, dass die Abgabe letztlich aus den Renditen der Vermögen beziehungsweise aus den Einkommen beglichen wurde. Dieser Ausgleich allein konnte die zunehmende Vermögenskonzentration an der Spitze um ein Drittel senken.[71]

Momentum für eine Vermögensteuer

Die Kosten der jüngsten Krisenjahre wurden nicht gerecht verteilt. Aus der Gemeinschaftskasse flossen hunderte Milliarden in die Unterstützung von Unternehmen sowie von Bürgerinnen und Bürgern – teils wichtige Hilfeleistungen in Zeiten der Corona- und Energiekrise. Das hat deutliche Spuren in den öffentlichen Haushalten hinterlassen.

Die Herausforderungen waren selten größer als heute. Der deutsche Staat muss nach einer gemeinsamen Schätzungen des Instituts der deutschen Wirtschaft (IW) und des Instituts für Makroökonomie und Konjunkturforschung (IMK) in den nächsten zehn Jahren jährlich etwa 60 Milliarden Euro zusätzlich investieren, um Infrastruktur, Wirtschaft und Gesellschaft zukunftsfähig zu machen.[72]

Durch die hohen Ausgaben in der Krise und die strenge Einhaltung der Schuldenbremse unterbleiben bereits jetzt wichtige Investitionen in Klimaschutz, Klimaanpassung, die Energie- und Verkehrswende, den demografischen Wandel und die Digitalisierung.

Während die Allgemeinheit in den vergangenen Jahren erhebliche Verluste erlitten hat, sind Superreiche als Gewinner aus dieser Zeit hervorgegangen. Allein die 100 größten deutschen Vermögen in der Reichenliste des *Manager Magazins* sind von 2020 bis 2023 trotz Krise um weitere 17 Prozent gewachsen.

Ein Rechtsgutachten aus dem Jahr 2023 kommt deshalb zu dem Schluss, dass eine Vermögensteuer in Deutschland nicht nur verfassungsrechtlich zulässig, sondern sogar verfassungsrechtlich geboten ist.[73]

Hohes Umsteuerungspotential

Weil die Vermögen in Deutschland äußerst ungleich verteilt sind, kann eine Vermögensteuer selbst mit einem sehr großzügigen Freibetrag für hohe Steuereinnahmen sorgen.

Mit einem Freibetrag von 100 Millionen Euro und einem Steuersatz von 2 Prozent könnte eine Vermögenssteuer jährlich bis zu 16 Milliarden Euro an Steuereinnahmen generieren. Wenn statt eines Freibetrags eine Freigrenze von 100 Millionen Euro gilt – also die Steuer auf das gesamte Vermögen der Superreichen fällig wird und nicht nur auf den Teil, der den Freibetrag überschreitet – könnten die Einnahmen fast doppelt so hoch ausfallen. Nur etwa 5.000 Haushalte halten ein Vermögen von 100 Millionen Euro oder mehr und wären somit von dieser Steuer betroffen.[74]

Die Steuer könnte nicht nur dringend notwendige öffentliche Investitionen finanzieren, sondern würde auch das Einkommensteuersystem wieder progressiver gestalten und so für einen fairen Steuerbeitrag der reichsten Menschen des Landes sorgen. In Kapitel 3 (»Der Steuersatz der Superreichen«) wurde gezeigt, dass der Großteil des Einkommens der Superreichen sehr niedrig besteuert wird. Eine Vermögensteuer könnte hier eine wichtige Korrektur darstellen.

Eine Steuer von 2 Prozent könnte angesichts hoher Vermögensrenditen bei den großen Vermögen aus den Erträgen abbezahlt werden. Allerdings sind Steuersätze von 1 bis

2 Prozent deutlich zu niedrig, um die hohe Konzentration nennenswert abzubauen. Immerhin würde sie dafür sorgen, dass diese Vermögen langsamer wachsen.

Rechenbeispiel – So wirkt die Vermögensteuer

Angenommen, ein Vermögen von 30 Milliarden Euro erzielt im Schnitt nach Steuern eine jährliche Rendite von 6 Prozent. Dann entspricht eine Vermögensteuer von 2 Prozent einer zusätzlichen Steuer auf den Ertrag von 33,3 Prozent. Das Vermögen würde also nicht abgebaut, sondern nur langsamer wachsen. Selbst bei einer Vermögensteuer von 20 Prozent würde es noch über 20 Jahre dauern, bis das Vermögen auf weniger als 1 Milliarde Euro sinkt. Allerdings würde eine Steuer das Vermögen natürlich nicht auflösen, sondern lediglich die Verfügungsmacht ändern. Solche hohen Steuersätze sind aber realpolitisch auch mit sehr hohen Freibeträgen kaum vorstellbar. Wäre eine Umverteilung in diesem Ausmaß gesellschaftlich gewünscht, wäre wohl eine Vermögensteuer nicht die richtige Maßnahme. Stattdessen kämen eher eine Vermögensabgabe oder hohe Erbschaftsteuern infrage – gegebenenfalls jeweils mit der Option, dass der Staat stiller Teilhaber wird.

Mythos hohe Erhebungskosten der Vermögensteuer

Ein beliebter Einwand gegen die Vermögensteuer ist, dass die Kosten für die Erhebung unverhältnismäßig hoch seien und sie daher unwirtschaftlich wäre. Dabei wird oft das Bild von Finanzbeamten gezeichnet, die durch deutsche Haushalte streifen, um Omas Schmuck und Familien-Kunstwerke aufzuspüren und zu bewerten.

Dabei werden sogar konkrete Zahlen genannt: Die Kosten einer Vermögensteuer lägen bei rund einem Drittel der gesamten Einnahmen aus der Steuer. Das behauptet sogar der ehemalige Finanzminister Christian Lindner.[75] Die Zahl stammt aus einer Studie aus dem Jahr 1989.[76] Die Studie beziffert die Kosten für die Finanzverwaltung auf rund 20 Prozent der Einnahmen und weitere 12 Prozent sollen demnach für die Befolgung seitens der Steuerpflichtigen anfallen. Würden die Zahlen stimmen, wäre in den 1990er-Jahren etwa jeder vierte der rund 80.000 Finanzbeamten ausschließlich mit der Vermögensteuer beschäftigt gewesen – eine eher unrealistische Vorstellung.[77]

Demgegenüber bezifferte die Landesregierung Nordrhein-Westfalen die Verwaltungskosten für die Erhebung der Vermögensteuer im Jahr 1993 auf rund 5,5 Prozent und damit deutlich niedriger.[78]

Bei der Vermögensteuer von 1996 galt allerdings ein recht niedriger Freibetrag von nur 120.000 DM. Deshalb mussten rund 1 Million Menschen – also recht viele – von den Finanzämtern zur Steuer veranlagt werden. Von den heute diskutierten höheren Freibeträgen wären deutlich weniger Personen betroffen und die Kosten entsprechend geringer.

Wenn heute eine Vermögensteuer von 1 bis 1,5 Prozent mit einem Freibetrag von 1 bis 2 Millionen Euro wieder eingeführt würde, schätzt das Deutsche Institut für Wirtschaftsforschung (DIW) die Erhebungskosten auf etwa 4 bis 8 Prozent der Steuereinnahmen. Damit liegen die Kosten auf einem ähnlichen Niveau wie für die Einkommen- und Unternehmenssteuern.[79]

Bei einem sehr hohen Freibetrag von 20 oder gar 100 Millionen Euro würden die Kosten für die Erhebung noch einmal deutlich sinken, da weitaus weniger Haushalte bewertet werden müssten. Außerdem gilt: Die Effizienz der Steuer steigt, wenn der Steuersatz höher liegt. Bei einem Steuersatz von 2 Prozent wäre die Steuer tendenziell noch einmal effizienter als bei 1 Prozent. Hinzu kommt: Die heutigen technischen Möglichkeiten sind nicht zu vergleichen mit denen der 1990er-Jahre.

Was die Befolgungskosten seitens der Steuerpflichtigen betrifft, sei noch angemerkt: Auch beim Bürgergeld müssen die Vermögens- und Einkommensverhältnisse detailliert offen gelegt und bewertet werden und das ohne, dass dabei auf professionelle Vermögensverwalter und Steuerberater zurückgegriffen werden kann.

Omas Schmuck und die Kunst im Wohnzimmer ist für die Vermögensteuer übrigens völlig uninteressant. Vielmehr geht es dabei um deutlich größere Werte. Dass der Bewertungsaufwand solcher großer Vermögen problemlos zu bewältigen ist, zeigt sich daran, dass dies bereits täglich geschieht: Große Immobilienbestände und millionenschwere Kunstsammlungen werden regelmäßig von Versicherungen bewertet.

Der Mythos vom flüchtenden Milliardär

Die Drohung, dass Vermögende samt ihrer Unternehmen Deutschland verlassen und ins Ausland abwandern, wenn sich die Steuern erhöhen oder nicht gesenkt werden, ist ein beliebtes Werkzeug von Lobbyorganisationen. Bei vielen Menschen verfängt diese Drohung, weil kaum jemand weiß, dass sich Deutschland seit 1972 durch ein Außensteuergesetz gegen die Kapital- und Steuerflucht schützt.

Die Grundregel: Bisher unversteuerte Wertzuwächse von Vermögen, die in Deutschland entstanden sind – dank öffentlich finanzierter Infrastruktur, Bildungssystem und Arbeitskräften – können nicht einfach steuerfrei ins Ausland verlegt werden.

Wenn beispielsweise die BMW-Erben ins Ausland ziehen und Deutschland dadurch das Besteuerungsrecht an ihren hier entstandenen Unternehmenswerten verliert, fällt bei ihrem Wegzug Einkommensteuer an.

Besteuert wird dabei ein fiktiver Verkauf ihrer Unternehmensanteile. Dabei wird der jeweilige Marktwert zum Zeitpunkt des Wegzugs als Verkaufspreis angenommen. Davon abgezogen werden die Anschaffungskosten der Anteile. Bei Erben also der Buchwert, zu dem die Anteile übernommen wurden. Diese liegen um viele Milliarden unterhalb des Marktwertes. Der fiktive Verkaufserlös der Anteile wird dann besteuert. Dabei werden 60 Prozent des fiktiven Erlöses mit dem persönlichen Einkommensteuersatz versteuert – hier also mit dem Reichensteuersatz von 45 Prozent (inklusive Solidaritätszuschlag 47,5 Prozent).

Beim Wegzug der BMW-Erben wären daher allein auf ihre Aktienanteile am Automobilkonzern über 3 Milliarden Euro fällig.[80] Hinzu kämen Steuern auf weitere Unternehmensanteile. Ebenso wenig kann man sich der Steuer auf zukünftige Einkommen aus Deutschland durch den Wegzug entziehen. Etwa auf Aufsichtsratsvergütungen oder Mieteinnahmen, die den Erben im Ausland aus Deutschland gezahlt werden, werden weiterhin Einkommensteuern fällig.

Wer sein Geld auf anonymen Auslandskonten vor der Steuer verstecken will, hat es seit der Einführung des automatischen Informationsaustauschs (AIA) deutlich schwerer. Für einige besonders risikoaffine und zahlungskräftige Kunden funktioniert die Offshore-Industrie zwar noch, aber versteckte Auslandskonten sind definitiv kein Volkssport mehr. Sie können deshalb auch nicht mehr als Rechtfertigung für niedrige Steuersätze auf Kapitalerträge herhalten.

Ein Blick ins Nachbarland Schweiz zeigt, dass eine Vermögensteuer trotz des Wettbewerbsdrucks zwischen Kantonen und Staaten möglich ist. Mit immerhin knapp 7 Prozent trägt die Steuer dort zum Steueraufkommen bei. Überträgt man das Schweizer Vermögensteuermodell auf Deutschland, entspricht das Steuereinnahmen von 64 Milliarden Euro. Die Zahlen zeigen: Das Umsteuerungspotential in Deutschland ist groß, und man muss nicht auf internationale Lösungen warten.

Exkurs: Warum ist die Schweiz bei Steuerflüchtlingen dennoch so beliebt?
Das liegt daran, dass ausländische Vermögende eine Vergünstigung erhalten, die Schweizer Staatsbürgern nicht zuteil wird. Menschen ohne Arbeitseinkommen, die ihr Steuerdomizil in die Schweiz verlegen, zahlen nur eine pauschale, stark reduzierte Vermögensteuer. Aus Deutscher Sicht ist deshalb die gut funktionierende Wegzugsteuer sehr wichtig.

Erbschaftsteuer ohne Wirkung

Wenn sehr große Vermögen, zu Lebzeiten niedrig besteuert, immer weiter wachsen können, wäre dann nicht spätestens jener Moment, in dem sie an eine andere Person weitergereicht werden, der richtige Zeitpunkt, um für einen sozialen Ausgleich zu sorgen?

Genau dafür gibt es in Deutschland die Erbschaft- und Schenkungsteuer. Wer ein größeres Vermögen erbt oder geschenkt bekommt, soll je nach Größe des Vermögens einen Anteil davon an die Gemeinschaft abgeben. Denn ebenso wie Arbeitseinkommen erhöhen Einkommen aus Erbschaften und Schenkungen die ökonomische Leistungsfähigkeit eines Menschen.

Laut der Bayerischen Landesverfassung dient die Steuer zudem »... dem Zwecke, die Ansammlung von Riesenvermögen in den Händen einzelner zu verhindern« (Art. 123 BV). Die Verfassung von Bayern fordert somit eine Korrektur von hoher Ungleichheit durch die Erbschaftsteuer.

Soweit die Theorie. Tatsächlich fällt auf die leistungslosen Einkommen aus Erbschaften und Schenkungen nur ein Bruchteil dessen an, was vom Arbeitseinkommen in die Gemeinschaftskasse fließt. Die Einnahmen aus der Steuer lagen in den Jahren 2022 und 2023 bei gerade einmal 9 Milliarden Euro. Damit leisten sogar Raucher einen größeren Beitrag zu den Staatsfinanzen als Erben, denn die Tabaksteuer brachte rund 13 Milliarden Euro ein.

Bezogen auf das gesamte Erbschaftsvolumen von derzeit 300 bis 400 Milliarden Euro jährlich entspricht das gerade einmal einem durchschnittlichen Steuersatz von 2 bis 3 Prozent. Von einem mittleren Arbeitseinkommen fließen dagegen rund 17 Prozent Steuern in die Gemeinschaftskasse – zuzüglich Sozialabgaben.

Erbschaftsteuer – das Glück der Wenigen

Auf die meisten Erbschaften und Schenkungen fallen in Deutschland überhaupt keine Steuern an. Sie müssen nicht einmal dem Finanzamt gemeldet werden. Der Grund dafür sind persönliche Freibeträge, die für jeden gelten. Bis zu dieser Höhe bleiben alle Zuwendungen steuerfrei.

Wie hoch die Freibeträge sind, hängt davon ab, wie eng man mit dem Erblasser verwandt ist. Unter Eheleuten liegt der Freibetrag bei 500.000 Euro. Kinder können von jedem Elternteil 400.000 Euro steuerfrei bekommen und Enkelkinder von jedem Großelternteil 200.000 Euro.

Nur auf den Teil des Vermögens, der die Freibeträge übersteigt, müssen Steuern gezahlt werden. Bei engen Verwandten beginnen die Steuersätze bei 7 Prozent und sie steigen bei einem Millionenvermögen von Nichtverwandten auf bis zu 50 Prozent an.

Die Freibeträge gelten dabei nicht nur einmalig, sondern alle zehn Jahre erneut. Bei einer typischen Familienkonstellation mit einem Elternpaar und zwei gemeinsamen Kindern können somit alle zehn Jahre Freibeträge von insgesamt 1,6 Millionen Euro genutzt werden.

Wer Vermögen hat, wird dabei häufig steuerlich beraten und plant die Weitergabe an die nächste Generation – von der gezielten Nutzung der Freibeträge wird also regelmäßig Gebrauch gemacht.

Kinder aus einer weniger wohlhabenden Familie, die nichts erben, müssen für ein Vermögen von 1,6 Millionen Euro sehr lang arbeiten. Mit einem mittleren Brutto-Arbeitslohn von 47.000 Euro dauert es ungefähr 52 Jahre bis ihnen nach Abzug aller Abgaben so viel zur Verfügung steht – also deutlich länger, als es in einem durchschnittlichen Arbeitsleben überhaupt möglich ist.

Neben den persönlichen Freibeträgen gelten noch weitere: Wenn Eltern etwa ein Haus bewohnen, kann das zusätzlich steuerfrei an die Kinder vererbt werden – das gilt auch für eine Millionen-Villa. Voraussetzung ist, dass die Kinder das Haus nach dem Tod der Eltern für zehn Jahre selbst nutzen.[81]

Die Weitergabe von Immobilien an die engsten Verwandten genießt noch ein weiteres Steuerprivileg: Sie ist von der Grunderwerbsteuer befreit. Nichterben, die aus ihrem versteuerten Arbeitseinkommen Wohneigentum erwerben, müssen die Steuer hingegen zahlen.

Trotz dieser umfangreichen Vergünstigungen wird von Lobbyorganisationen und Populisten häufig gegen die Erbschaftsteuer mobil gemacht, die »Omas Häuschen« bedrohe.

Insgesamt haben nur wenige Menschen in Deutschland das Glück so großer Erbschaften und Schenkungen, dass letztlich eine Steuer fällig wird. Nur etwa 5 Prozent der Deutschen betrifft das im Laufe eines Lebens. Zwar wurden die Freibeträge seit dem Jahr 2009 nicht mehr angehoben, dennoch gehören sie im internationalen Vergleich zu den großzügigsten.[82]

Doppelbesteuerung auch beim Bäcker

Dennoch: Ein häufiges Argument gegen höhere Erbschaftsteuern ist, dass die Vermögen bereits versteuert wurden. Dieses Argument trifft jedoch höchstens auf die Erblasser zu, nicht auf die Erben. Möglicherweise haben die Erblasser einen Teil ihres Vermögens durch eigene Arbeit verdient und darauf Steuern gezahlt. Bei den besonders großen Erbschaften und Schenkungen von Unternehmen oder Immobilien beruhen die Werte jedoch oft zu einem Teil auf bisher unversteuerten Wertsteigerungen. Insofern wurde ein Teil des Vermögens nie versteuert.

Aber selbst wenn der Erblasser bereits Einkommensteuer gezahlt hat, handelt es sich nicht um eine unzulässige »doppelte« Besteuerung, da ein anderer Vorgang und eine andere Person besteuert werden.

Das kennen wir aus dem Alltag: Wer mit versteuerten Lohn einkaufen geht, zahlt selbstverständlich auch die Umsatz- und Verbrauchsteuern. Und wer mit seinem Arbeitseinkommen ein Grundstück kauft, wird nicht deshalb von der Grunderwerbsteuer befreit, weil bereits sein Lohn versteuert wurde.

Es ist schlicht ein weiterer Steuerfall. Steuersysteme, nicht nur in Deutschland, besteuern Einkommenszuflüsse und Transaktionen, zu denen auch Erbschaften gehören. Eine solche »Doppelbesteuerung« im weiteren Sinne ist in allen modernen Gesellschaften üblich.

Erbschaftsteuer für die »armen« Reichen

Dass das Umverteilungspotenzial der Erbschaft- und Schenkungsteuer nicht ausgeschöpft wird, liegt nicht allein an den niedrigen Steuereinnahmen. Vielmehr resultieren Ineffizienz und Ungerechtigkeit aus der Regressivität der Steuer. Obwohl die Steuersätze theoretisch mit der Höhe des Vermögens steigen, zeigt sich in der Praxis ein anderes Bild: Wer besonders viel erbt oder geschenkt bekommt, zahlt im Ergebnis einen besonders niedrigen Steuersatz. Im Gegensatz dazu werden kleinere, steuerpflichtige Erbschaften oberhalb der Freibeträge verhältnismäßig höher besteuert.

Wie kann das sein? Der Grund dafür sind weitreichende Privilegien und Gestaltungsmöglichkeiten für superreiche Firmenerben. Denn besonders große Vermögen bestehen typischerweise aus Unternehmensvermögen, und gerade diese sind großzügig von der Erbschaftsteuer ausgenommen.

Wer also einige Mietimmobilien oder Finanzvermögen erbt und dabei seine Freibeträge überschreitet, muss Steuern zahlen. Auf eine millionenschwere Unternehmensbeteiligung oder Anteile an einem Großkonzern fallen in der Regel keine oder kaum Steuern an, unabhängig davon, wie viel Gewinn das Unternehmen abwirft. Während die »armen« Reichen also Erbschaftsteuer zahlen, bleiben die Superreichen verschont. Die Voraussetzung für die hundertprozentige Steuerbefreiung auf das geerbte Unternehmensvermögen: Es darf mindestens sieben Jahre nach der Übertragung nicht verkauft werden, und ein Großteil der Arbeitsplätze muss in dieser Zeit erhalten bleiben.

Größte Steuersubvention für Firmenerben

Dabei sind die möglicherweise verfassungswidrigen Steuerprivilegien für die Allgemeinheit insgesamt sehr teuer. In regelmäßigen Abständen muss die Bundesregierung einen Überblick über sämtliche gewährte Subventionen geben. Die Ausnahmen für Firmenerben stehen auf dieser Liste seit der Einführung im Jahr 2009 immer an aller erster Stelle.

Der Staat verzichtet demnach jährlich auf 5 bis 10 Milliarden Euro. Der Großteil dieser Subventionen landet allerdings nicht bei den vielen Tausend kleinen Handwerks- oder Bäckereibetrieben, sondern bei wenigen Großerben.

Seit 2009 gehen jährlich über zwei Drittel der Milliarden-Subventionen an lediglich rund 300 Personen – die überwiegend männlich sind und fast ausschließlich in Westdeutschland leben.[83]

Ihren Vorsprung zum Rest der Gesellschaft, insbesondere gegenüber kleineren Unternehmern, können sie dadurch immer weiter ausbauen. So verkehrt sich das Prinzip der Besteuerung nach der Leistungsfähigkeit bei der Erbschaft- und Schenkungsteuer ins Gegenteil. Es gilt: Wer hat, dem wird gegeben.

Wann ist ein Milliardär bedürftig?

Das Bundesverfassungsgericht hat die Privilegien bei der Erbschaftsteuer bereits mehrfach für verfassungswidrig erklärt. Zuletzt mahnte das Gericht im Jahr 2014, dass die Ausnahmen für Unternehmensvermögen zu großzügig seien und gegen den Gleichheitsgrundsatz verstießen. Eine Befreiung über kleine und mittlere Unternehmen hinaus sei »ohne Bedürfnisprüfung unverhältnismäßig«, so das Urteil.[84]

Daraufhin musste der Gesetzgeber, wie bereits zuvor im Jahr 2009, erneut nachbessern. Aufgrund wirksamer Lobbyarbeit wurden allerdings nur wenige »echte« Korrekturen am Gesetz vorgenommen und sogar neue Sonderregelungen zugunsten von Großerben geschaffen.

Bei der Überarbeitung des Gesetzes im Jahr 2016 durch die große Koalition aus Union und SPD wurde zunächst eine Obergrenze für die Steuerbefreiung eingeführt. Seitdem kann eine hundertprozentige Befreiung ohne weitere Prüfung nur noch erhalten, wer weniger als 26 Millionen Euro Unternehmensvermögen erhält. Die Grenze erneuert sich alle zehn Jahre und gilt grundsätzlich pro Schenkung beziehungsweise Erblasser.[85]

Mit der Obergrenze wurde aber gleichzeitig eine neue Ausnahmeregelung eingeführt: Die sogenannte Verschonungsbedarfsprüfung. Demnach können Erben und Beschenkte von Vermögen mit einem Wert von mehr als 26 Millionen Euro statt der Steuerbefreiung nun einen Erlass der Steuer erhalten. Voraussetzung dafür ist, dass sie »bedürftig« sind.

Nach dem neuen Gesetz gilt als »bedürftig«, wer außer begünstigtem Unternehmensvermögen kein weiteres Vermögen hat, um die Steuer zu zahlen – zumindest nicht am Tag der Erbschaft oder Schenkung. Gewinne oder Dividenden, die nach dem Stichtag aus dem geerbten Unternehmen zufließen, bleiben dabei außer Acht. Und falls weiteres Privatvermögen vorhanden sein sollte, muss das auch nur zur Hälfte für die Steuerzahlung eingesetzt werden – das übrige Vermögen wird verschont.

Dass die Prüfung dem Stichtagsprinzip folgt und nur auf die Erben abstellt, nicht aber auf die potentiellen Gewinnausschüttungen des geerbten Unternehmens, führt zu einem absurden Ergebnis: Je wertvoller das Erbe, desto höher ist die Wahrscheinlichkeit, dass die Erben bedürftig sind, und umso niedriger ist letztlich der Steuersatz. Denn umso mehr Vermögen müsste der oder die Unternehmensnachfolger vorhalten, das nicht irgendwo betrieblich gebunden ist.

Hinzu kommt, dass diese sogenannte Verschonungsbedarfsprüfung viele Möglichkeiten zur Gestaltung bietet. Wo große Unternehmensvermögen sind, sind immer auch Beratungsfirmen. Dort sind ganze Abteilungen auf steuerlich vorteilhafte Unternehmensnachfolgen spezialisiert. Und das zahlt sich bei der Erbschaftsteuer besonders aus, denn die Bedürftigkeit der Nachfolger kann herbeigeführt werden – ganz legal.

Große Vermögen werden in Deutschland zum überwiegenden Teil verschenkt und nicht vererbt, wodurch der ideale Zeitpunkt der Weitergabe gut geplant werden kann.[86] So kann beispielsweise das Privatvermögen, mit dem eigentlich die Steuer bezahlt werden müsste, rechtzeitig in Vermögen umgewandelt werden, für das sich das Finanzamt nicht interessiert. Dazu wird das vorhandene Privatvermögen in begünstigte Unternehmensanteile investiert – denn das ist ja das Vermögen, das von der Steuer geschützt werden soll. Nach dem Stichtag der Schenkung können die Anteile bei Bedarf auch wieder verkauft werden, ohne dass das zu einer Forderung seitens des Finanzamtes führt.

Die Bedürftigkeitsprüfung schafft zudem Anreize, Betriebsvermögen gezielt auf Kinder und junge Erwachsene zu übertragen. Diese haben zwar möglicherweise (noch) keine aktive Rolle im Unternehmen, vielleicht noch nicht einmal einen Schulabschluss, aber sie sind »geeignete« Nachfolger, weil sie zu arm sind, um die Steuer zu zahlen.

Stiftung statt Steuer

Der Trend für die unternehmerische Nachfolgeplanung geht aber zu einem anderen Modell: die sogenannte privatnützige Familienstiftung. Anders als man es bei dem Wort Stiftung vermuten könnte, sind diese Vehikel nicht gemeinnützig, sondern dienen ausschließlich privaten Zielen. Dazu zählt insbesondere, den Fortbestand des eigenen Unternehmens und das Wohl der eigenen Nachkommen über den eigenen Tod hinaus langfristig abzusichern.

In diesem Fall halten die Erben das Unternehmen nach der Übertragung nicht direkt, sondern über die Stiftung, als sogenannte Destinäre, sprich: Begünstigte. Und als Begünstigte erhalten sie die potentiellen Gewinne des Unternehmens.

Bei der sogenannten Verschonungsbedarfsprüfung hat die Familienstiftung einen großen Vorteil: Damit der Erlass der Erbschaftsteuer (hier sog. Erbersatzsteuer) gewährt wird, müssen nicht die Begünstigen ihre Vermögensverhältnisse offenlegen und nachweisen, dass sie »bedürftig« sind, sondern die Stiftung selbst. Wird in die Stiftung kein weiteres Vermögen eingebracht, gilt sie als bedürftig. Zwar kann das Unternehmen selbst über nicht betriebsnotwendiges Vermögen verfügen, das theoretisch für die Steuerzahlung genutzt werden könnte, doch auch hierfür gibt es oft eine Lösung: Das Vermögen im Unternehmen kann häufig gut geplant »wegstrukturiert« werden. Nicht zuletzt deshalb dürfte die Zahl der privatnützigen Familienstiftungen aktuell sehr stark zunehmen.[87]

Übrigens: Während bei der Vermögensteuer Lobbyorganisationen vor hohen Erhebungskosten im Verhältnis zu den Steuereinnahmen warnen, wird hier die Ineffizienz in Kauf genommen. Denn die Ausnahmen für Firmenerben bedeuten letztlich nichts anderes als Erhebungskosten ohne Steuereinnahmen. Das Finanzamt muss zunächst das übertragene Unternehmen bewerten und die Erbschaftsteuer berechnen, um sie letztlich nach weiterer Prüfung der »Bedürftigkeit« weitgehend wieder zu erlassen

Steuererlasse in Milliardenhöhe

Allein im Jahr 2023 erhielten 26 »bedürftige« Beschenkte und Erben Steuererlasse von insgesamt 2,1 Milliarden Euro. In diesen wenigen Fällen wurden insgesamt Vermögen von schätzungsweise mehr als 7 Milliarden Euro weitergereicht. Auf die Milliardenvermögen mussten sie durchschnittlich gerade einmal rund 0,1 Prozent Steuern zahlen und damit deutlich weniger als die Erben kleinerer Vermögen oberhalb der Freibeträge.[88]

Dem eigentlichen Ziel der Erbschaftsteuer, Einnahmen von den steuerlich Leistungsfähigsten zu generieren und die Konzentration von Vermögen in den Händen weniger zu verhindern, wird mit diesen Regelungen entgegengewirkt.

Es ist davon auszugehen, dass die Richterinnen und Richter des Bundesverfassungsgerichts bei ihrem letzten Urteil wohl eine andere Vorstellung von Bedürftigkeit der Erbenden hatten als die letztlich zu Gesetz gewordene. Viele Expertinnen und Experten sind sich einig, dass die Neuregelung des Gesetzes nach wie vor verfassungswidrig ist.[89] Derzeit beschäftigt sich das Gericht zum dritten Mal mit den Ausnahmen für Firmenerben.[90]

Subventionen gefährden Arbeitsplätze

Aber wie haben es diese Regelungen ins Gesetz geschafft? Natürlich wird die steuerliche Sonderbehandlung für Vermögende nicht damit begründet, dass Reichen besondere Privilegien zustehen, sondern mit den Interessen der Allgemeinheit. Die Politik hat die Drohung der Unternehmenslobby in die Gesetzesbegründung aufgenommen: Eine höhere Erbschaftsteuer für Firmenerbende würde den deutschen Mittelstand belasten und zahlreiche Arbeitsplätze und Investitionen gefährden. Einen Beleg dafür konnte weder die Lobby noch die Politik anführen.

Ganz im Gegenteil sieht der wissenschaftliche Beirat des Finanzministeriums – ein Gremium aus rund 50 unabhängigen Professorinnen und Experten – in den Steuerausnahmen für Unternehmensübergänge Gefahren für die Allgemeinheit.[91] Gleiches bescheinigt die OECD.

Subventionen nach dem Gießkannenprinzip können langfristig sogar Arbeitsplätze gefährden, statt sie zu sichern. Erben werden letztlich willkürlich subventioniert, unabhängig von ihren unternehmerischen Fähigkeiten. Sie sind nicht zwangsläufig fleißig, innovativ, unternehmerisch talentiert oder gesellschaftlich verantwortungsvoll. Studien aus Dänemark, den USA, Frankreich, Deutschland und Großbritannien zeigen, dass Firmenerben Unternehmen im Durchschnitt schlechter führen als externe Manager. Die Unternehmen entwickeln sich schwächer und die Wahrscheinlichkeit einer Insolvenz steigt, wenn der Familienspross die Geschäfte weiterführt – mit negativen Folgen für die Gesamtwirtschaft.[92]

Innovative Nichterben, die unternehmerisch tätig werden wollen, werden demgegenüber benachteiligt. Außerdem kann es durch die Ausnahmeregelungen zu sogenannten Lock-in-Effekten von Kapital kommen, da Erben Steuern zahlen müssen, wenn sie das geerbte Unternehmen verkaufen, aber keine, wenn sie das Unternehmen behalten. Das kann dazu führen, dass eigentlich sinnvolle und gewünschte Verkäufe unterbleiben, lediglich um Steuern zu sparen. Die pauschalen Subventionen können so notwendige Veränderungen in den Unternehmen und den gesamtwirtschaftlichen Strukturwandel bremsen. Kurzum: Die aktuelle Praxis fördert vorrangig Besitzstandswahrung statt Unternehmertum und Fortschritt.

Das alles spricht natürlich nicht gegen jegliche staatliche Unterstützung und Förderung der Unternehmensnachfolge innerhalb der Familie, es stellt jedoch milliardenschwere Subventionen infrage.

Finanzierungshilfen statt Steuergeschenke

Statt durch Steuerbefreiungen sollte der Staat Erben über Finanzierungshilfen fördern. Geerbtes Firmenvermögen ist nicht mit einer Bargelderbschaft vergleichbar und sollte deshalb auch anders behandelt werden. Falls die Erben die Steuer nicht aus ihrem Privatvermögen begleichen können und sich daraus Liquiditätsprobleme für das Unternehmen ergeben, soll die Steuer über viele Jahre verteilt aus den Unternehmensgewinnen gezahlt werden können – ähnlich einem Kredit, den Nichterben für Investitionen aufnehmen und abzahlen müssen, wenn das bereits versteuerte Arbeitseinkommen nicht ausreicht. Die Ratenzahlung beziehungsweise Stundung der Steuer sollte ohne besondere Voraussetzungen möglich sein.

Da sich die Höhe der Erbschaftsteuer nach dem Unternehmenswert bemisst, der wiederum auf Gewinnprognosen basiert, ist es unwahrscheinlich, dass eine angemessene Erbschaftsteuer die Vermögenssubstanz eines gesunden Unternehmens gefährdet. Sollte ein Unternehmen langfristig in einer wirtschaftlichen Schieflage stecken, ist es nicht Aufgabe der Steuerpolitik, es durch Subventionen künstlich am Leben zu erhalten.

Was das konkret für Erbende bedeutet, lässt sich berechnen

Angenommen auf eine Erbschaft eines Multimillionenvermögens liegt der Steuersatz bei 25 Prozent, und die Steuer kann über 20 Jahre verteilt werden. Dann liegt die jährliche Belastung des Vermögens bei 1,25 Prozent. Bezogen auf eine typische Rendite des Unternehmens nach Unternehmenssteuern von 5,5 Prozent bedeutet das eine laufende Belastung des Ertrags durch die Erbschaftsteuer von 22,7 Prozent. Das heißt, die Erben können fast 80 Prozent der jährlichen Gewinne behalten (abzüglich der »normalen« Ertragsteuern). Nach 20 Jahren gehört ihnen der Gewinn dann vollständig.

Kein Ausverkauf ins Ausland

Es wird oft behauptet, dass Familienunternehmen bei einer höheren Erbschaftsteuer keine andere Wahl hätten, als sich Finanzinvestoren ins Haus zu holen. Doch durch die Möglichkeit, die Steuerzahlung über einen langen Zeitraum zu verteilen, kann das in der Regel bereits vermieden werden. Es gibt aber noch weitere Lösungen.

Auf einem gut funktionierenden Kapitalmarkt wie dem deutschen können Erben problemlos Kredite aufnehmen. Zudem können ungewollte Übernahmen durch die Möglichkeit einer staatlichen Beteiligung gänzlich ausgeschlossen werden. Auf Wunsch der Erben könnte der Staat vorübergehend stiller Teilhaber des Unternehmens werden – solange bis die Steuerschuld aus den Unternehmensgewinnen beglichen wird.

Die Verwaltung dieser Beteiligungen könnte ein Staatsfonds oder eine ähnliche Institution übernehmen, die unabhängig von politischen Entscheidungsträgern agiert. So wird gewährleistet, dass die Interessen der Erben und des Unternehmens gewahrt bleiben, ohne dass es zu ungewollten Veränderungen in der Unternehmensführung kommt.[93]

Der Weg zu einer gerechten Erbschaftsteuer

Unabhängig davon, ob die Steuerprivilegien verfassungswidrig sind, besteht angesichts der hohen Vermögensungleichheit in Deutschland und der ineffizienten Erbschaftssteuer in jedem Fall dringender politischer Handlungsbedarf. Aktuell mahnen bereits Wirtschaftsorganisationen, wie die OECD und der Internationale Währungsfonds (IWF), Deutschland zu höheren Steuern auf leistungslose Geschenke und Erbschaften.[94]

Aber wie kann die Erbschaftsteuer gerechter werden? Für eine erfolgreiche Reform ist es entscheidend, dass die Steuer eine echte progressive Wirkung entfaltet: Je größer das Vermögen, desto höher sollte der Steuersatz sein. Dafür müssen die Ausnahmen für Unternehmensvermögen abgeschafft werden. Für den Fall, dass Erbenden und Beschenkte die Steuer nicht ohnehin aus dem Vermögen bezahlen können, sollen ihnen Möglichkeiten der Finanzierung eingeräumt werden. Eine Gefährdung von Arbeitsplätzen und Investitionen kann dadurch ausgeschlossen werden.

Der konkrete Steuertarif muss von der Politik bestimmt werden. Der Eingangssteuersatz könnte etwa bei 15 Prozent liegen und entsprechend der Vermögenshöhe bis auf 25 oder 30 Prozent ansteigen.

Flat-Tax auf Erbschaften?

Bei den Diskussionen um die Reform der Erbschaftsteuer wird oft ein Flat-Tax-Modell vorgeschlagen, bei dem unabhängig von der Höhe des geerbten Vermögens ein einheitlicher Steuersatz gilt. Da jedoch mit steigendem Vermögen auch die Leistungsfähigkeit des Erbenden und die Renditen des Vermögens tendenziell zunehmen, sollte dies in der Besteuerung berücksichtigt werden. Eine Flat Tax wäre daher weniger gerecht und würde das Umverteilungspotential der Erbschaftsteuer verschenken.

Statt der persönlichen Freibeträge, die alle 10 Jahre erneut gewährt werden, sollte ein einmaliger Freibetrag gelten. Der Freibetrag könnte bei einer Million Euro liegen. Alle Schenkungen und Erbschaften, die eine Person im Laufe ihres Lebens erhält, bleiben bis zur Höhe des Freibetrags steuerfrei. Nur auf Vermögen darüber hinaus fallen Steuern an. Zusätzlich kann das geerbte und selbstgenutzte Elternhaus weiterhin steuerfrei bleiben.

Aktuell fallen auf ein größeres Vermögen, das gut geplant über Jahrzehnte geschenkt wird, weniger Steuern an als auf eine kleinere ungeplante Erbschaft oberhalb des Freibetrags. Diese Ungerechtigkeit gibt es dann nicht mehr.

Zudem dürfte den allermeisten Menschen durch den hohen einmaligen Freibetrag bewusst werden, dass sie niemals von der Steuer betroffen sein werden.

Die Einführung eines »Lebensfreibetrags« und die Abschaffung der Steuerprivilegien für Unternehmensvermögen haben noch einen weiteren Vorteil: eine Vereinfachung des Steuerrechts mit weniger Gestaltungsmöglichkeiten.

Das entlastet sowohl die Steuerberatenden als auch die Finanzverwaltung.

Der Allgemeinheit würden allein durch die Streichung der Subventionen für Unternehmenserben langfristig rund 10 Milliarden Euro Steuereinnahmen jährlich zugute kommen. Diese zusätzlichen Einnahmen könnten unter anderem genutzt werden, um Vermögensbildung der ärmeren Hälfte der Bevölkerung zu fördern.

Grunderbe

Um Vermögensaufbau und Chancengerechtigkeit zu fördern, wird die Vergabe eines Startkapitals an junge Menschen diskutiert. Die Idee besteht darin, dass jede Person zu einem bestimmten Zeitpunkt im Leben – etwa mit 18 oder 25 Jahren – eine staatliche Geldsumme erhält. Dieses Kapital könnte für den Kauf von Wohneigentum, die Gründung eines Unternehmens oder für Bildung genutzt werden. Wenn alle etwa 750.000 jungen Menschen pro Jahrgang beispielsweise 20.000 Euro erhalten würden, würde dies den Staat jährlich rund 15 Milliarden Euro kosten. Diese Summe müsste durch die Besteuerung hoher Vermögen finanziert werden. Dadurch würde nicht nur Vermögen von sehr reichen Menschen zu weniger Wohlhabenden umverteilt, sondern auch von älteren Generationen hin zu jüngeren.

Einflussreiche Lobbyarbeit der Familienunternehmen

Warum wurde mit der letzten Reform der Erbschaftsteuer kein gerechteres Gesetz im Sinne der Allgemeinheit geschaffen? Und weshalb gelingt es trotz breiter Unterstützung in der Bevölkerung nicht, die Vermögensteuer wieder zu erheben?

Eine wesentliche Rolle spielen dabei die Arbeit der Lobbyorganisationen derer, die von niedrigen Steuern auf ihr Vermögen profitieren: Das sind insbesondere die Verbände der sogenannten Familienunternehmen.

Zunächst sei gesagt: Lobbyorganisationen sind nicht grundsätzlich problematisch. Sie können eine wichtige Rolle im demokratischen Prozess spielen, indem sie die Anliegen der Interessengruppen koordiniert bei der Politik vortragen. Aufgabe der Politik ist es schließlich, unterschiedliche Interessen in der Bevölkerung auszubalancieren. Großkonzerne und Superreiche können dabei gänzlich andere Bedürfnisse und Ziele haben als der Rest der Bevölkerung. In der Regel verfolgen sie Profitinteressen, auch wenn sich ihre ausgerufenen Ziele häufig hinter Formulierungen verstecken, die nach Gemeinwohl klingen. Aber selbst wenn es nur um individuelle Gewinne und Besitzstandswahrung geht, dürfen solche Interessen im demokratischen Raum geäußert werden.

Zu einer Schieflage durch Lobbyismus kommt es dann, wenn die Stimmen der Vertreter von Vermögenden und Großkonzernen deutlich häufiger und lauter zu vernehmen sind als die von Menschen mit weniger Vermögen. Ebenso problematisch ist es, wenn es diesen Organisationen mit bestens finanzierten Medienkampagnen, Auftragsstudien und bezahlten Gutachten gelingt, ihre eigenen Profitinteressen der Mehrheit der Bevölkerung als deren ureigenes Interesse zu verkaufen.

Im Zentrum der Lobbyarbeit rund um die vergangenen Erbschaftsteuerreformen stand beispielsweise die als gemeinnützig anerkannte *Stiftung Familienunternehmen*.[95] Anders als der Name vermuten lässt, vertritt diese Stiftung nicht die Interessen kleiner Bäcker- und Handwerksbetriebe, sondern die der 500 größten deutschen Familienunternehmen, die nur 0,02 Prozent der 2,8 Millionen familiengeführten Betriebe ausmachen. Auch wenn die Stiftung keine vollständige Liste ihrer Geldgeber veröffentlicht, sind mit wenigen Ausnahmen fast alle deutschen Milliardärsvermögen irgendwie beteiligt.

Die Organisation der Familienunternehmer übte damals wie heute erheblichen Druck auf die Politik aus. Im Wesentlichen behauptet sie, dass höhere Steuern die wirtschaftliche Stabilität und Wettbewerbsfähigkeit Deutschlands gefährden würden. Zudem finanzieren sie lautstarke Angstkampagnen gegen höhere Steuern. Regelmäßig werden davon Menschen angesprochen, die von höheren Steuern auf Vermögen gar nicht betroffen wären.

Matthias Lefarth, ehemaliger Leiter der Steuerabteilung der *Stiftung Familienunternehmen* und verantwortlich während der letzten Erbschaftsteuerreform, bezeichnete sein damaliges Einwirken auf die Politik und insbesondere die von ihm mitverhandelte sogenannte Verschonungsbedarfsprüfung in einem Interview, das er dem ZDF Jahre später gab, als »Sternstunde der Politikberatung«.[96]

Strategische Kampagnen gegen Vermögensteuern

Ebenso wie die *Stiftung Familienunternehmen und Politik* lobbyiert der Verband *Die Familienunternehmer e.V.* gegen jegliche Formen einer höheren Besteuerung für Vermögen. Vor der Bundestagswahl 2021 plante die Organisation mehrere

Kampagnen gegen eine Vermögensteuer mit einer namhaften PR-Firma. Das ging aus einem internen Protokoll hervor, aus dem die Wochenzeitung *Die Zeit* Auszüge veröffentlichte. Ziel der Kampagnen war es demnach, dem in der Öffentlichkeit positiv belegten Begriff »Vermögensteuer« eine gezielte Umbenennung in »Mittelstandssteuer« oder »Exportnationssteuer« entgegenzusetzen. Diese Umbenennung sollte durch eine »Anti-grün-rot-rote Kampagne« unterstützt werden, so das geleakte Protokoll.[97]

Im Übrigen richtet sich die Lobbyarbeit nicht nur gegen höhere Steuern. Ein weiteres Beispiel für problematischen Lobbyismus: Bei der Bekämpfung des Klimawandels spielen Machtstrukturen und Anreizsysteme eine entscheidende Rolle. Je stärker vermögende Eliten ihre eigenen Interessen im Zweifel auch gegen die der Allgemeinheit durchsetzen können, desto gelähmter ist die Demokratie in ihrer Fähigkeit, wichtige Veränderungsprozesse im Interesse der Allgemeinheit effektiv anzugehen. Aktuell sehen wir bereits, dass die Lobbyorganisationen der reichsten Menschen des Landes und ihrer Großkonzerne die Umsetzung von Maßnahmen zur Förderung einer nachhaltigen Wirtschaft verzögern und abschwächen, um individuelle Geschäftsinteressen zu schützen. Der Verband *Die Familienunternehmer e. V.*, der sich vor allem für die Anliegen Deutschlands Superreicher einsetzt, spricht sich beispielsweise seit Jahren gegen neue Gesetze zum Klimaschutz aus, weil diese den Profitinteressen entgegenstehen.[98]

Die *Stiftung Familienunternehmen und Politik* und der Verband *Die Familienunternehmer e. V.* gaben allein im Jahr 2023 laut Lobbyregister des Bundestags zusammen 3,6 Millionen Euro nur für ihre Lobbytätigkeit aus.[99] Allein durch die ausgesetzte Vermögensteuer sparten Deutschlands Superreiche in den vergangenen 25 Jahren auf etwa 400 Milliarden Euro.[100] Da sind ein paar Millionen Euro für wirksame Lobbyarbeit eine lohnende Investition.

Lobbyarbeit wirkt

Neben dem unmittelbaren Lobbyeinfluss spielen auch parteipolitische Überlegungen eine Rolle. Viele Politikerinnen und Politiker befürchten, dass eine umfassende Reform nicht nur Vermögende, sondern auch die breite Wählerschaft verunsichern könnte. Beispielsweise ist die Erbschaftsteuer auch bei Menschen, die gar keine steuerpflichtige Erbschaft zu erwarten haben, eine eher unbeliebte Steuer. In allgemeinen Umfragen spricht sich nur etwa die Hälfte der Bevölkerung für eine höhere Erbschaftsteuer auf größere Vermögen aus. Die Lobbyarbeit trägt zu dieser Stimmung bei.

Steuermythen werden gezielt genutzt, um Menschen gegen eine Reform der Erbschaftsteuer in Stellung zu bringen. Diese systematische Beeinflussung trägt dazu bei, dass viele Menschen Ungerechtigkeiten nicht erkennen oder meinen, es gäbe keine wirksamen Mittel dagegen. Die Folge: Der Druck seitens der Wählerinnen und Wähler für eine gerechtere Gestaltung der Erbschaftsteuer bleibt aus.

Seit Jahren gelingt es der Unternehmenslobby, die öffentliche Debatte über eine gerechte Vermögensbesteuerung zu beeinflussen. Anstatt über Vermögensverteilung und Chancengerechtigkeit zu sprechen, wird die Diskussion auf drohende Arbeitsplatzverluste für Nichterbende gelenkt. Besonders beliebt ist es, die Erbschaftsteuer als Ganzes zu problematisieren und sie als Gefahr für »Omas Häuschen« zu inszenieren. Dabei würden durch die Streichung von Steuerprivilegien für Großerben und die Einführung eines »Lebensfreibetrags« die Mehrheit der Erbenden sogar entlastet, und »Omas Häuschen« bliebe weiterhin steuerfrei.

Ein genauerer Blick auf Meinungsumfragen zeigt: Die Vorbehalte gegen die Erbschaftsteuer nehmen ab, sobald konkrete Summen genannt werden, die besteuert werden sollen. Denn dann wird deutlich, dass diese sehr weit abseits der eigenen Lebensrealität der meisten Menschen in diesem Land sind.

Für eine erfolgreiche Reform der Erbschaftsteuer muss die Politik der Arbeit von Lobbyorganisationen also konsequente Aufklärungsarbeit entgegensetzen.

Exkurs: Philanthropie – wohltätig und uneigennützig?

Neben Spenden an Lobbyorganisationen und Parteien für die Verteidigung der eigenen Privilegien stiften Vermögende auch an wohltätige Organisationen. Diese Spenden oder gar die Gründung einer eigenen gemeinnützigen Stiftung genießt in der Gesellschaft große Anerkennung.

Dennoch dienen diese Projekte dazu, die gesellschaftliche und politische Agenda der Stiftenden voranzutreiben. Die Vermögenden entscheiden, was unterstützenswert ist und wann es das gegebenenfalls nicht mehr ist. Ein sehr undemokratischer Prozess, denn die Gesellschaft hat dabei kein Mitspracherecht, und es herrscht bisher zumeist wenig Transparenz. Dennoch sind Spenden an gemeinnützige Organisationen steuerlich begünstigt. Das führt dazu, dass öffentliche Gelder indirekt für private Initiativen verwendet werden, da entgangene Steuereinnahmen nicht für staatliche Aufgaben zur Verfügung stehen. Der übrige Teil der Gesellschaft finanziert so die Projekte

der Vermögenden mit.
Auch wenn Stiftungen an einigen Stellen wichtige Beiträge zum gesellschaftlichen Zusammenhalt leisten: Ihre Leistungen bleiben im Gegensatz staatlich gesicherter Sozialpolitik ohne jegliche Garantie. Letztlich sind gemeinnützige Stiftungen nicht mehr als der Ausdruck einer Ideologie, die auf Privatisierung setzt. Hierzulande existiert das Stiftungswesen nicht in einem solchen Umfang wie etwa in den USA, aber in den letzten 20 Jahren hat sich auch hier die Zahl der steuerbegünstigten Stiftungen auf mehr als 23.000 verdoppelt. Rund 93 Prozent davon sind in Westdeutschland angesiedelt.[101]
Ein genauer Blick auf das Spendenverhalten der Deutschen zeigt übrigens: Relativ zu ihrem verfügbaren Einkommen spenden einkommensschwache Haushalte deutlich mehr als Menschen mit höherem Einkommen.[102] Philanthropie kann also keinesfalls niedrige Steuern für Vermögende rechtfertigen.

5 Niedrige Steuern für Großkonzerne

Unternehmenssteuer: Die Einkommensteuer der Superreichen

Das gesamte Einkommen aller Menschen in Deutschland – das sogenannte Volkseinkommen – betrug im Jahr 2023 etwa 3 Billionen Euro. Davon entfielen etwas mehr als 1 Billion Euro auf Löhne und Gehälter, knapp 1 Billion Euro auf Sozialbeiträge und Abgaben. Der Rest, also fast ein Drittel, wird den Unternehmensgewinnen und Vermögenseinkommen zugerechnet.[103] Wie groß letztere genau waren, wissen wir allerdings nicht, da Wertsteigerungen von Unternehmen nirgends vollständig erfasst werden.

Ebenso ungenau ist die Erfassung der Verteilung von Vermögens- und Unternehmenseinkommen in der Bevölkerung. In der Steuerstatistik wird ein Großteil der Steuern auf Kapitalerträge lediglich als Gesamtsumme aufgeführt.

Der Grund: Die Steuer wird von den Banken als sogenannte Abgeltungsteuer – anders als die Lohnsteuer von den Arbeitgebern – anonym an das Finanzamt abgeführt.

Was aber bekannt ist: Der Unternehmensbesitz ist extrem konzentriert. Zwar gibt es auch in der oberen Mittelschicht einige Kleinaktionäre und den ein oder anderen Kleinunternehmer. Doch mehr als die Hälfte der börsennotierten Unternehmen in Deutschland ist im Besitz von lediglich 141 Familien.[104]

Für die meisten von ihnen ist die Unternehmenssteuer die entscheidende Komponente ihres persönlichen Steuersatzes. Insbesondere für Milliardäre ist sie oft die einzige Steuer, die sie zahlen (siehe Kapitel 3 »Der Steuersatz der Superreichen«). Doch gerade der Steuersatz für Unternehmen wurde in den vergangenen 30 Jahren mehr als halbiert. Zusätzlich nutzen vor allem die größten und profitabelsten Konzerne umfangreiche Steuervermeidungsstrategien, wie die Verlagerung von Gewinnen in Steueroasen.

Während diese Unternehmen von staatlich finanzierten Infrastrukturen, gut ausgebildeten Arbeitskräften sowie stabilen gesellschaftlichen und wirtschaftlichen Rahmenbedingungen profitieren, tragen sie nicht in angemessenem Maße zur Finanzierung des Gemeinwesens bei. Letztlich tragen sie einen deutlich geringeren Anteil zur Gemeinschaftskasse bei als Millionen kleinerer Unternehmen. Ihren ohnehin kaum einzuholenden Vorsprung können sie dadurch weiter ausbauen. Wie es dazu kommen konnte und was wir dagegen tun können, soll in diesem Kapitel gezeigt werden.

Unternehmenssteuern in Deutschland

Bei Unternehmen in Deutschland muss man zunächst zwischen Einzelunternehmen sowie Personengesellschaften auf der einen und Kapitalgesellschaften auf der anderen Seite unterscheiden. Bei ersteren versteuern die Eigentümer ihren Betriebsgewinn als persönliches Einkommen. Für sie gilt die tarifliche Einkommensteuer mit einem Spitzensteuersatz von 42 Prozent beziehungsweise dem Reichensteuersatz von 45 Prozent (zuzüglich Solidaritätszuschlag).[105] Kapitalgesellschaften, wie etwa die Gesellschaft mit beschränkter Haftung (GmbH) und die Aktiengesellschaft (AG), zu denen die meisten großen Unternehmen zählen, werden anders besteuert.

Unternehmenslandschaft in Deutschland

Es gibt hierzulande grob drei verschiedene Arten von Unternehmen, die sich hauptsächlich in ihrer rechtlichen Struktur, Haftung und Besteuerung unterscheiden. Die meisten Unternehmen in Deutschland sind sogenannte Einzelunternehmen (etwa 70 Prozent). Dazu zählen über zwei Millionen Gewerbetreibende, Landwirte sowie Freiberufler, wie beispielsweise Ärzte, Rechtsanwälte und Steuerberater. Daneben stehen rund 800.000 Kapitalgesellschaften – also vor allem AGs und GmbHs. Und schließlich gibt es noch rund 400.000 Personengesellschaften, darunter sind beispielsweise KGs und OHGs.

Die Steuern auf die Kapitalgesellschaft werden oft vereinfacht als Unternehmenssteuern bezeichnet. Hinter dem Begriff verstecken sich zumindest in Deutschland aber gleich drei Steuern: Zum einen gibt es die Körperschaftsteuer, die bundesweit einheitlich 15 Prozent beträgt. Zusätzlich zahlen Kapitalgesellschaften Gewerbesteuer, die bei mindestens 7 Prozent liegt. Über den sogenannten Hebesatz können die Gemeinden den Steuersatz selbst bestimmen. Einige Gemeinden belassen es beim Mindestsatz von 7 Prozent, während die Steuersätze in den meisten großen Städten häufig über 15 Prozent liegen. Einige Kapitalgesellschaften, die ausschließlich Immobilienvermögen verwalten und Mieteinnahmen beziehen, können teilweise ganz um diese Steuer herumkommen (siehe Kapitel 6).

Als Drittes kommt schließlich noch der Solidaritätszuschlag hinzu. Der Zuschlag beträgt 5,5 Prozent der Körperschaftsteuer und somit 0,825 Prozent auf den Gewinn. Rechnet man alle drei Steuern zusammen fallen also nach dem Gesetz bei Kapitalgesellschaften in Deutschland durchschnittlich rund 30 Prozent auf den Unternehmensgewinn an.

Kleine und mittlere Unternehmen zahlen in der Regel die gesetzlichen Steuersätze. Bei größeren beziehungsweise international tätigen Unternehmen sieht das aber anders aus. Sie können ihre Produktionsstandorte in Niedrigsteuerländer verlegen oder statt realer Geschäftstätigkeit sogar nur ihre Gewinne durch gezielte Gestaltung in Steueroasen verschieben.

Unterbietungswettbewerb mit nur wenigen Gewinnern

Unternehmen beanspruchen Platz, belasten häufig die Umwelt und verschleißen die öffentliche Infrastruktur. Gleichzeitig schaffen sie Arbeitsplätze und tragen zum Wohlstand bei.Deshalb konkurrieren in Deutschland die Gemeinden und Länder um die besten Standortbedingungen, und international stehen die Staaten miteinander im Wettbewerb, um Unternehmen anzuziehen. Weil außerdem die Unternehmen ihre Unternehmenssteuern größtenteils dort zahlen, wo sie ihren Sitz haben beziehungsweise ihre Gewinne verbuchen, besteht ein weiterer starker Anreiz, Unternehmen und Investitionen anzulocken.

Umfragen zeigen regelmäßig, dass Unternehmen bei der Standortwahl vor allem auf qualifiziertes Personal, Arbeitskosten, gute Infrastruktur, politische und wirtschaftliche Stabilität sowie die Nähe zu Zulieferern und Kunden achten. Die Höhe der Steuern spielt dabei eine nachgeordnete Rolle.[106] Wer 100 Millionen Euro Gewinn machen kann, lässt sich von 30 Millionen Euro Steuern nicht abschrecken. Es sei denn, es ist möglich, an einem anderen Ort ebenfalls 100 Millionen Euro Gewinn unter sonst gleichen Bedingungen zu erzielen und dort weniger Steuern zu zahlen.

Vereinfacht gilt: Je attraktiver ein Standort ist, desto höhere Steuern kann er sich erlauben. Einige Staaten oder Gemeinden, die Unternehmen weniger zu bieten haben, versuchen deshalb manchmal ihren Wettbewerbsnachteil mit besonders günstigen Steuern aufzuwiegen. Sie locken Unternehmen mit Steuernachlässen oder streichen ihre Steuern gleich ganz. Das hat in den letzten Jahrzehnten zu einem globalen Unterbietungswettbewerb beigetragen.

Den Wettlauf der Industriestaaten um die niedrigsten Steuersätze hatten dabei maßgeblich die USA eingeleitet. Während in den 1970er-Jahren die reichsten Bürgerinnen und Bürger dort mehr als doppelt so viel Steuern zahlten wie die Mittelschicht, änderte sich dies mit dem Einzug von Ronald Reagan ins Weiße Haus. Reagan propagierte das Ideal eines schlanken Staates und sah in gewinnmaximierenden Unternehmen die Motoren des Wohlstands für die Allgemeinheit.

Bereits bei seinem Amtsantritt erklärte er: »Die Regierung ist nicht die Lösung unseres Problems. Sie ist das Problem.« In diesem Geiste blühte die Steuervermeidungsindustrie auf, und es wurden sogar Gesetzesänderungen erlassen, die die Steuerflucht begünstigten. 1986 senkte Reagan die Unternehmenssteuer von 50 Prozent auf 35 Prozent, mit der Begründung, das sei der einzige Weg, um die Staatskasse wieder aufzufüllen.

In Deutschland gewann das Argument des Standortwettbewerbs erst Mitte der 1990er-Jahre an Bedeutung, nachdem die Kosten der Wiedervereinigung größtenteils bewältigt schienen. Als 1997 die Arbeitslosigkeit in Deutschland einen Negativrekord mit einer Quote von über 12 Prozent erreichte, übernahm sogar die SPD die Forderung nach Steuersenkungen in ihr Wahlprogramm.

In den Folgejahren sank der Gesamtsteuersatz für Kapitalgesellschaften in mehreren Schritten von mehr als 56 Prozent (und einschließlich der Vermögensteuer teilweise mehr als 60 Prozent) auf den heutigen Satz von nur noch etwa 30 Prozent.[107] Früher oder später folgten die meisten europäischen Nachbarn und Industriestaaten, und der durchschnittliche Steuersatz sank international auf weniger als 25 Prozent. Im Jahr 2017 startete Donald Trump eine erneute Runde im Senkungswettlauf und setzte die US-Bundessteuer von 35 auf 21 Prozent herab. Rechnet man die lokalen Unternehmenssteuern der einzelnen Bundesstaaten hinzu, liegen die Steuersätze nun knapp unter dem deutschen Niveau.

Investitionsförderung statt Senkungswettlauf

Die Gewinner dieses Wettstreits sind die Unternehmen und deren reiche Eigentümer, die von den sinkenden Steuersätzen profitieren, während die am Steuerwettbewerb beteiligten Länder sich letztlich um einen immer kleineren Kuchen streiten müssen. Dass dieses sogenannte *race to the bottom* um die niedrigsten Steuersätze nicht nachhaltig sein kann, scheinen mittlerweile auch die ersten Staaten erkannt zu haben. Vier Staaten, darunter Großbritannien und die Türkei, haben ihren Steuersatz im Jahr 2023 sogar wieder erhöht, und der durchschnittliche Satz liegt derzeit bei etwa 21 Prozent in den kleinen und etwa 25 bis 27 Prozent in den größeren Staaten. Deutschland liegt mit knapp 30 Prozent darüber.

Das ist jedoch nur der gesetzliche Steuersatz. Entscheidend ist, was ein Unternehmen tatsächlich – je nach Bemessungsgrundlage – effektiv zahlt. Ein Blick auf die effektiven Steuersätze zeigt, dass Deutschland im EU-Vergleich im Mittelfeld liegt. Deutsche Unternehmen zahlen auf ihre Gewinne also im Schnitt keine höhere Steuern als ihre europäischen Nachbarn.[108]

Mit dem Verweis auf das niedrige Wirtschaftswachstum versuchen derzeit die Interessengruppen der Unternehmen in Deutschland, das Narrativ des Standortwettbewerbs aus den 1990er-Jahren wiederzubeleben. Dabei ist die aktuelle Situation eine völlig andere: Statt hoher Arbeitslosigkeit herrscht heute ein Mangel an Arbeitskräften. Bei ausgelasteten Kapazitäten sind allgemeine Steuersenkungen volkswirtschaftlich kein sinnvoller Anreiz für Investitionen.

Hinzu kommt, dass mittlerweile selbst Unternehmensverbände fehlende öffentliche Investitionen beklagen. Pauschale Unternehmenssteuersenkungen mit der Gießkanne würden zu erheblichen Steuerausfällen führen. Dringend notwendige staatliche Investitionen, die unter Einhaltung der Schuldenbremse erfolgen müssten, würden dadurch noch unwahrscheinlicher. Gleichzeitig würden die Rekordgewinne von Großkonzernen wie Microsoft und BMW weiter steigen, und die ohnehin schon niedrigen Steuern für deren milliardenschwere Eigentümer würden weiter gesenkt.

Stattdessen sollten steuerliche Anreize gezielt auf die Unterstützung von kleinen und mittleren Unternehmen sowie auf Maßnahmen zur Bekämpfung des Arbeitskräftemangels ausgerichtet sein. Anstatt zu ausländischen Digitalunternehmen und Industrien der Vergangenheit müssen die knappen Ressourcen dahin gelenkt werden, wo in nachhaltige und zukunftsfähige Wirtschaftsbereiche investiert wird.

Konkret heißt das: Statt Steuersenkungen für alle Unternehmen vorzunehmen, die auch das Ansparen von Gewinnen steuerlich entlasten, sollten gezielt Investitionen gefördert werden – beispielsweise in nachhaltige Zukunftstechnologien, den Bau von günstigen Sozialwohnungen, den öffentlichen Nahverkehr, sichere IT-Systeme und digitale Infrastruktur. Dies kann durch sogenannte Sonderabschreibungen erreicht werden, die es Unternehmen ermöglichen, ihre Investitionen schneller von den Gewinnen abzuziehen. Am besten werden diese zeitlich befristet eingeführt. Zudem könnte eine stärkere Förderung von Forschung betrieben werden.

Sonderabschreibungen

Diese steuerliche Regelung ermöglicht es Unternehmen, bestimmte Investitionen schneller als üblich von ihren steuerpflichtigen Gewinnen abzuziehen. Normalerweise werden Investitionen über mehrere Jahre abgeschrieben, aber mit Sonderabschreibungen können Unternehmen einen größeren Teil der Kosten in kürzerer Zeit geltend machen. Dies reduziert ihre Steuerlast in den ersten Jahren nach der Investition und fördert so wirtschaftlich gewünschte Aktivitäten wie den Bau von Sozialwohnungen oder Investitionen in neue Technologien.

Steueroasen und die künstliche Gewinnverschiebung

Zwar spielt bei der Standortwahl für die tatsächliche Geschäftstätigkeit von Unternehmen die Höhe der Steuern nur eine untergeordnete Rolle, aber mit der Globalisierung der Wirtschaft haben sich die Möglichkeiten der Steuergestaltung für große Konzerne stark erweitert: Statt ihre Produktionsstätten zu verlagern, können sie lediglich ihre Gewinne in Steueroasen verbuchen und sich dort niedrig oder gar überhaupt nicht besteuern lassen. Hier geht es also nicht mehr um die Frage des Standortwettbewerbs, denn der funktioniert nur dann, wenn Unternehmen auch dort Steuern zahlen, wo sie staatliche Infrastruktur nutzen. Hier geht es schlicht um ruinösen Wettbewerb um die Buchgewinne von Unternehmen.

Kleine Karibikinseln, wie die Bermudas oder die Kaimaninseln, haben zwar Touristen eine Menge zu bieten, für Unternehmen sind sie grundsätzlich aber eher weniger attraktiv. In Irland, Luxemburg oder der Schweiz ist das Wetter zwar schlechter, dafür sind die Kunden aus der EU deutlich näher. Investoren, die ihr Glück mit Berliner Immobilien versuchen wollen, sind im brandenburgischen Zossen oder Schönefeld ihren Geschäften noch näher. Die Karibischen Inseln, die kleinen europäischen Nachbarn und das brandenburgische Schönefeld haben eines gemeinsam: Sie sind Steueroasen. Mit 0 Prozent auf den Bermudas über 12,5 Prozent in Irland bis zu rund 23 Prozent in Schönefeld haben sie vergleichsweise niedrige Unternehmenssteuern.

Obwohl die Steuern in Steueroasen besonders niedrig sind, fliegt kein Kunde aus Deutschland extra auf die Bermudas, um sich einen Microsoft-PC zu kaufen. Die wenigsten Programmierer möchten aus Kalifornien nach Irland übersiedeln, und auch das Rechenzentrum für die Microsoft-Cloud ist letztlich besser in der Nähe der großen deutschen Kunden und Internetleitungen, zum Beispiel bei Frankfurt, aufgehoben. Dennoch landen Schätzungen des EU Tax Observatory zufolge jedes Jahr etwa eine Billion Euro an Gewinnen in Steueroasen, obwohl sie dort eigentlich nicht hingehören. Immense Summen werden also in Regionen versteuert, die keinen tatsächlichen wirtschaftlichen Beitrag zum Erfolg dieser Unternehmen leisten. Das Nachsehen haben die Menschen in den Staaten und Regionen, denen hohe Steuereinnahmen entgehen. Sie müssen dadurch entweder mehr zahlen oder erhalten weniger Leistungen vom Staat.

Wem gehören die Gewinne?

Aber wie schaffen es die größten und profitabelsten Konzerne, ihre Gewinne künstlich in sogenannte Briefkastenfirmen beziehungsweise nur spärlich mit Mitarbeitern besetzte Tochtergesellschaften in Steueroasen zu verschieben? Wie funktioniert die Gewinnverschiebung?

Wo die Unternehmensgewinne tatsächlich hingehören – also verbucht und versteuert werden sollten, ist in der Praxis keine banale Frage. Bei kleinen Unternehmen, wie dem Buchladen von nebenan, ist die Frage leicht zu beantworten: Dort, wo das Geschäft ist. Schwieriger wird es schon bei den großen deutschen Buchhandelsketten. Sie zahlen auf den gesamten Gewinn die bundesweit einheitliche Körperschaftsteuer dort, wo ihr Hauptsitz liegt, und zwar an den Bundeshaushalt. Die Gewerbesteuer dagegen wird entsprechend der Zahl der lokalen Mitarbeiter auf die Gemeinden verteilt – in unserem Beispiel also dahin, wo die Buchläden sind.

Aber die Buchhandelskette kann zum Beispiel das Eigentum an seinen Immobilien einer Tochtergesellschaft zuweisen, die in einer Gemeinde mit einem besonders niedrigen Gewerbesteuersatz sitzt. So kann ein Teil der Gewinne dort verbucht werden. Tut sie das nicht, zahlt sie unter Umständen sogar mehr als die eigentlich fällige Steuer, weil nur ein Teil der Ladenmieten vor Ort als Kosten abgezogen werden darf.

Richtig schwierig wird es aber bei multinationalen Konzernen. Denn sie müssen in jedem Land, in dem sie Tochtergesellschaften, Fabriken, Büros und Mitarbeiter haben, eine Steuererklärung abgeben. Dabei müssen in jedem Land die Gewinne, die dort erwirtschaftet wurden, den Finanzbehörden gemeldet werden. Ein kompliziertes System aus internationalen Regelungen und individuellen Abkommen gegen Doppelbesteuerung zwischen unterschiedlichen Staaten soll dafür sorgen, dass Gewinne nur einmal versteuert werden müssen.

Die Grundlage für die Berechnung, welche Gewinne wo versteuert werden, bilden die sogenannten Verrechnungspreise. Sie dienen der Abrechnung von Leistungen, die zwischen den Konzerngesellschaften in unterschiedlichen Ländern ausgetauscht werden. Wie die Verrechnungspreise funktionieren und warum sie bei besonders großen Unternehmen mit sehr hohen Renditen immer häufiger an ihre Grenzen stoßen und Gewinnverschiebungen zulassen, versteht man am besten an einem Beispiel.

Das Beispiel Amazon

Wer aus Deutschland bei Amazon ein Buch bestellt, erhält dafür eine Rechnung der Tochtergesellschaft aus Luxemburg. Dort macht Amazon zwar keinen großen Umsatz, hatte aber für seine Expansion nach Europa vor etwa 20 Jahren eine Briefkastengesellschaft ohne Mitarbeiter gegründet. Der Grund dafür: Der Konzern hatte mit den luxemburgischen Steuerbehörden einen besonders günstigen Steuerdeal vereinbart.

Nach Eingang der Buch-Bestellung beauftragt die luxemburgische Gesellschaft nun die deutsche Tochtergesellschaft mit der Auslieferung des Buchs. Dafür stellt Amazon Deutschland an Amazon Luxemburg eine konzerninterne Rechnung. Die dabei abgerechneten Kosten ergeben sich aus den international anerkannten »typischen« Preisen für diese Dienstleistung. Weil Amazon aber höhere Gewinne erwirtschaftet als bei anderen Unternehmen typisch, verbleibt ein wesentlicher Teil der »in Deutschland erwirtschafteten« Gewinne in der Steueroase Luxemburg.

Verschiedenen Schätzungen zufolge entgehen Deutschland allein durch solche Gewinnverschiebungen jedes Jahr Steuereinnahmen von 6 bis 30 Milliarden Euro.

Halbherzige Reformversuche und nationale Alleingänge

Als sich die Skandale von Steuervermeidung von Großkonzernen häuften, stand nach der globalen Finanzkrises selbst für konservative Regierungschefs wie Nikolas Sarkozy in Frankreich und David Cameron in Großbritannien fest, dass sich ihre Länder die Steueroasen und die Steuertricks der großen Konzerne schlicht nicht mehr leisten konnten.

Aus diesem Grund beauftragten sie im Jahr 2013 die Organisation für wirtschaftliche Zusammenarbeit und Entwicklung (OECD) damit, Reformvorschläge zu erarbeiten. Die OECD, letztlich ein exklusiver Club von 38 Ländern, darunter vor allem die größten Industriestaaten, hat die globalen Standards für die Unternehmensbesteuerung in den letzten Jahrzehnten maßgeblich geprägt. Alternative Vorschläge der Vereinten Nationen (UN), die deutlich mehr Staaten repräsentiert, fanden dagegen bisher kaum Beachtung.

Im Jahr 2015 verabschiedete die OECD im Rahmen des »Base Erosion and Profit Shifting«-Projekts (BEPS) erste Empfehlungen zur Bekämpfung von Gewinnverschiebungen. Diese Maßnahmen zielen darauf ab, Steuervermeidung durch multinational agierende Unternehmen zu verhindern. Obwohl diese Initiativen das Problem nicht vollständig gelöst haben, brachten sie eine wichtige Verbesserung: Die größten Konzerne wurden verpflichtet, ihre Gewinne und Steuerzahlungen für jedes einzelne Land in einer detaillierten Übersicht zu dokumentieren und diese Informationen den Steuerbehörden zur Verfügung zu stellen (sog. Country by Country Reporting). Dadurch wird das Ausmaß der internationalen Gewinnverschiebung sichtbarer und die Transparenz in der globalen Steuerpraxis erhöht.

In den folgenden Jahren erließen einige Staaten wie Indien, Frankreich und Italien unabhängig von den internationalen Bemühungen nationale Sondersteuern für Digitalkonzerne. Donald Trump führte außerdem zur Finanzierung seiner massiven Steuersenkung für Unternehmen eine Mindeststeuer für amerikanische Konzerne ein. Weil der Wille der Industriestaaten da war, Steueroasen und Gewinnverschiebungen den Kampf anzusagen, nahm die OECD erneut die Arbeit für ein international koordiniertes Vorgehen auf.

Im Jahr 2021 wurde ein Meilenstein erreicht: 137 Staaten einigten sich auf ein Reformpaket, das die OECD erarbeitet hatte. Das Paket basiert auf zwei Säulen. Die erste Säule beinhaltet eine Neuverteilung der Gewinne für die weltweit größten und profitabelsten Konzerne. Damit soll sichergestellt werden, dass Unternehmen ihre Gewinne dort versteuern, wo sie tatsächlich erwirtschaftet werden. Beispielsweise soll ein Teil der Gewinne von Facebook, die auf Nutzer in Deutschland entfallen, auch in Deutschland besteuert werden.

Die zweite Säule des Reformpakets bildet die globale Mindeststeuer auf Unternehmensgewinne. Diese soll den internationalen Wettlauf um die niedrigsten Steuern und den Schaden durch Gewinnverschiebung begrenzen. Unternehmen sollen demnach mindestens 15 Prozent Steuern auf ihre Gewinne zahlen, unabhängig davon, in welche Länder – einschließlich Steueroasen – sie diese verschieben.

Die Mindeststeuer: Ein Zwischenziel, aber noch nicht die endgültige Lösung

Hinter der globalen Mindeststeuer steckt ein völlig neues Steuerkonzept: Wenn ein Konzern auf seinen Gewinn insgesamt weniger als 15 Prozent Steuern zahlt, darf ein anderes Land, in dem mindestens eine Gesellschaft des Konzerns ansässig ist, die Differenz nachversteuern. Sobald also ein Unternehmen in einem der 137 teilnehmenden Staaten sitzt, soll sichergestellt sein, dass der Konzern insgesamt mindestens 15 Prozent Steuern zahlt.

Sollte der Fall eintreten, dass irgendwo zu wenig Steuern erhoben werden, hat die OECD eine Reihenfolge festgelegt, damit nicht mehrere Staaten gleichzeitig die Differenz verlangen und es so zu einer doppelten Besteuerung kommt. Zunächst ist die Steueroase am Zug, dann das Heimatland und schließlich das Land, aus dem die Gewinne eigentlich stammen. Die OECD schätzt die Mehreinnahmen daraus auf rund 100 Milliarden Euro.

Mehr als 90 Prozent davon landen aber in den Steueroasen, weil es für sie natürlich sinnvoll ist, die Steuer selbst zu erheben, bevor es die Heimatländer der Konzerne tun. Allerdings dürfte damit der Anreiz für die Unternehmen sinken, die Gewinne überhaupt erst in die Steueroasen zu verschieben. Dadurch, so schätzt die OECD, sollen den Ländern mit dem Hauptsitz der Unternehmen weitere 100 Milliarden Euro an zusätzlichen Steuereinnahmen entstehen. Ob das tatsächlich passiert, wird sich erst noch zeigen. Die deutsche Bundesregierung rechnet mit Mehreinnahmen von etwa einer Milliarde Euro.

Der Zwischenstand bei den Reformen

Im Jahr 2024 wurde die zweite Säule – *die Mindeststeuer* – in deutsches Recht übertragen und gilt erstmals für die Steuererklärung desselben Jahres. Große Konzerne können ihre Gewinne nun nicht mehr wie in der Vergangenheit in Briefkastengesellschaften in Luxemburg, Irland oder auf den Bermudas verschieben und so teilweise 0 Prozent Steuern zahlen.

Das gilt auch für die US-amerikanische Konzerne wie Amazon, Microsoft oder Alphabet. Berechnungen des Netzwerk Steuergerechtigkeit zeigen, dass sie im Durchschnitt weiterhin aber nur etwa 15 Prozent Steuern auf ihre globalen Gewinne zahlen und damit nur halb so viel wie ihre deutschen Konkurrenten. Zudem zahlen sie die Steuern vor allem in den USA und Irland statt in Deutschland. Legt man die in Deutschland erwirtschafteten Gewinne – entsprechend ihrer Mitarbeiter, Kunden und Fabriken hier in Deutschland – zugrunde, zahlen die Digitalkonzerne den Berechnungen zufolge nur 3 Prozent Steuern in Deutschland. Dieses Problem sollte eigentlich die erste Säule des Reformpakets – die Neuverteilung der Besteuerungsrechte – lösen.

Die Umsetzung dieses Vorhabens scheitert aber bisher. Während die Mindeststeuer auch im nationalen Alleingang wirkt, tritt die Neuverteilung der Besteuerung erst in Kraft, wenn die USA und andere große Staaten sie umgesetzt haben. Und genau daran könnte das Vorhaben scheitern. Die USA, die ursprünglich dem globalen Reformpaket zugestimmt hatten, haben sich mittlerweile dagegen entschieden und wollen sich nicht an die Vereinbarung halten.

Es geht auch anders: Übergewinnsteuer

Dass die größten und profitabelsten Unternehmen einen fairen Beitrag zum Gemeinwesen leisten, lässt derzeit also auf sich warten. Dabei besteht diesbezüglich politisch eigentlich große Einigkeit. Selbst das Wahlprogramm der FDP für die Bundestagswahl 2021 kritisiert die Gewinnverschiebung der großen internationalen Konzerne und fordert einen fairen Wettbewerb für den Mittelstand – gibt sich aber bisher mit der globalen Mindeststeuer zufrieden.

Die gute Nachricht ist: Es muss nicht auf die vollständige Umsetzung des OECD-Vorschlags oder das Einlenken der USA gewartet werden. Es gibt auch Möglichkeiten, im Alleingang oder idealerweise in Abstimmung mit der EU, den fairen Steuerbeitrag von den größten Konzernen einzutreiben.

Unternehmen, die in größerem Umfang von Gewinnverschiebung profitieren, sind in mehreren Ländern tätig und erzielen in der Regel untypisch hohe Gewinne. Denn dann kann das internationale System der Verrechnungspreise, das auf typischen Gewinnen basiert, ausgehebelt werden, wie das Beispiel von Amazon zeigt. Es sind also vor allem die größten und profitabelsten Konzerne, die durch Steuervermeidung noch größer und profitabler geworden sind. Bevor diese Unternehmen – ähnlich wie die Banken in der Finanzkrise – »too big to fail« (zu groß zum Scheitern) oder sogar »too big to regulate« (zu groß und zu mächtig zum Regulieren) werden, könnte man einen Teil ihrer Gewinne höher besteuern.

Das könnte durch eine zusätzliche Steuer auf untypisch hohe »Übergewinne« geschehen. Was untypisch hohe Gewinne sind, hat die OECD sogar bereits in ihrem Reformvorschlag zur Säule 1 bestimmt: Das ist jener Teil des Gewinns, der eine Umsatzrentabilität von 10 Prozent in drei aufeinander folgenden Jahren übersteigt. Die Übergewinne müssten dann, wie beim OECD-Vorschlag, dort versteuert werden, wo die Kunden sitzen.

Würde Deutschland die nach dieser Definition erwirtschafteten Übergewinne der 200 größten und profitabelsten

Konzerne mit einer Übergewinnsteuer von 25 Prozent besteuern, müssten diese Konzerne etwa 20 Milliarden Euro zusätzlich zahlen.[109]

Für die großen Digitalkonzerne würde der Steuersatz auf die in Deutschland erwirtschafteten Gewinne dadurch auf knapp 30 Prozent, also etwa das Niveau der lokalen Konkurrenz steigen. Würde die Steuer EU-weit oder sogar global umgesetzt, würde ihr Steuersatz von derzeit rund 15 Prozent auf etwa 40 Prozent steigen. Nach zwei Jahrzehnten, in denen sie weniger als die Hälfte ihrer lokalen Konkurrenz gezahlt haben, wäre dies nicht nur ein erster Schritt zur Schaffung von mehr Steuergerechtigkeit, sondern auch ein Schritt zur Wiederherstellung eines faireren Wettbewerbs.

Neben den großen Digitalkonzernen müssten die Steuer vor allem große Banken, Mineralölkonzerne, Pharmaunternehmen und ein paar Konzerne mit besonders populären Marken zahlen. Deutsche Unternehmen wären so gut wie gar nicht betroffen. Denn trotz der aktuellen Rekordgewinne sind BMW, VW & Co im internationalen Maßstab nicht profitabel genug – sie erwirtschaften also nach der recht großzügigen Definition der OECD keine Übergewinne.

Ebenso wie von der Säule 1 des OECD-Vorschlags wären von einer Übergewinnsteuer nur sehr große Unternehmen mit einem Umsatz von mehr als 20 Milliarden Euro betroffen. Um mit der Steuer in Berührung zu kommen, müsste der Buchladen von nebenan aus dem obigen Beispiel rund eine Milliarde Bücher verkaufen und dabei mindestens drei Jahre in folge eine Rendite von 10 Prozent erzielen. In der Regel bleibt dort aber von einem für 10 Euro verkauften Buch bestenfalls nur ein Gewinn von 20 bis 50 Cent, also eine Rendite von 2 bis 5 Prozent.

6 Steuerprivilegien auf dem Immobilienmarkt

Die Mietenlast steigt

Wohnen gehört zu den grundlegenden Bedürfnissen des Menschen, vergleichbar mit Nahrung und Kleidung. Sicherer und bezahlbarer Wohnraum ist deshalb essenziell für die wirtschaftliche und soziale Stabilität eines Landes.

In den vergangenen Jahren sind jedoch die Mieten und Kaufpreise für Immobilien, insbesondere in Ballungsräumen, teilweise geradezu explodiert. Der starke Zuzug in die Großstadtregionen sowie die niedrigen Zinsen für Kredite haben zweifellos die Nachfrage nach Wohnraum erhöht und damit auch zu steigenden Preisen beigetragen.[110]

Diese Entwicklung belastet viele Menschen, die zur Miete wohnen, erheblich. Mietzahlungen mögen zwar weder Steuern noch Sozialbeiträge sein, doch ihre Zwangsläufigkeit ähnelt einer Pflichtabgabe. Weil die meisten Menschen, die zur Miete wohnen, ihren Lebensunterhalt aus dem Arbeitseinkommen bestreiten, ist das Verhältnis von Lohn und Mietkosten entscheidend dafür, ob Wohnraum »bezahlbar« ist.

Eine Wohnkostenquote von 25 Prozent gilt dabei als Toleranzgrenze für die Angemessenheit. Demnach soll die Kaltmiete nicht mehr als ein Viertel des monatlichen Nettoeinkommens ausmachen. Nun sind die Mieten insbesondere in den Ballungsräumen und im Süden Deutschlands im vergangenen Jahrzehnt deutlich stärker gestiegen als die Löhne. Inzwischen erfordern die Kaltmieten in vielen Vierteln der größten deutschen Städte mehr als ein Drittel des durchschnittlichen Einkommens.

Diese Mietpreisdynamik belastet einkommensschwache Haushalte besonders und erschwert ihnen den Zugang zu angemessenem Wohnraum. Die Sorgen um bezahlbaren Wohnraum reichen mittlerweile bis in die Mitte der Gesellschaft.[111]

Immobilien: Spekulation lohnt sich

Es gibt somit sehr gute Gründe dafür, dass der Wohnungsmarkt durch den Staat reguliert wird. Mit Mietpreisbremse und sozialem Wohnungsbau versucht er das bereits.

Aber ausgerechnet mit zahlreichen Regelungen im Steuerrecht wurde der Immobilienmarkt zusätzlich angeheizt.

Gleich mehrere Steuerprivilegien sorgen dafür, dass es sich lohnt, in Immobilien zu investieren, und zwar mehr als in andere Anlageformen. In den Kapiteln 3 und 4 wurde beschrieben, dass Einkommen aus Vermögen im Vergleich zu Arbeitseinkommen zu niedrig besteuert wird. Auf dem Immobilienmarkt gelten zusätzliche Steuerprivilegien, die dafür sorgen, dass Gewinne aus Immobilienvermögen noch einmal niedriger besteuert werden als aus anderen Kapitalanlagen.

Dies führt dazu, dass Kapital allein aufgrund der Steueranreize in Immobilien investiert wird. Allerdings nicht in den Wohnungsneubau, sondern in Bestandsimmobilien. Wissenschaftlerinnen und Wissenschaftler schätzen, dass jedes Jahr zwischen 68 und 110 Milliarden Euro aufgrund der Steuerprivilegien im Immobilienmarkt landen.[112] In der Folge steigen die Kaufpreise weiter und mit ihnen die Mieten.

Die Steuervorteile für Immobilien sind zahlreich: Es gibt sie beim Kauf, bei den Einnahmen aus der Vermietung, beim Verkauf und auch bei der Erbschaft. Einige davon gelten für Immobilien im Privatbesitz, andere für Immobiliengesellschaften.

Privilegien bei den Mieteinnahmen

Auf Mietgewinne fallen bei gezielter Gestaltung deutlich weniger Steuern an als auf Gewinne anderer Unternehmen. Während für Unternehmen normalerweise ein Körperschaft- und Gewerbesteuersatz von zusammen rund 30 Prozent gilt, können sich Immobiliengesellschaften von der Gewerbesteuer befreien lassen. Wird also eine Immobilie über eine GmbH gehalten, kann in der Regel der Steuersatz auf rund die Hälfte reduziert werden (15,8 Prozent Körperschaftsteuer und Solidaritätszuschlag).

Bei Immobilien-Multimillionären und -Milliardären führt das zu einem besonders absurden steuerlichen Ergebnis. Wie wir bereits aus Kapitel 3 wissen, halten Superreiche ihre Unternehmen in der Regel nicht direkt, sondern über sogenannte Holding-Gesellschaften. Wenn die Gewinne dort landen, statt auf dem Privatkonto, werden darauf effektiv nur rund 1,5 Prozent Kapitalertragssteuer fällig.

Die Mieteinnahmen aus den Immobiliengesellschaften werden in der Holding-Gesellschaft gespart. Im Zusammenspiel mit der Befreiung von der Gewerbesteuer kann ein

Immobilienmilliardär den Steuersatz auf ihre Millionengewinne auf rund 17 Prozent drücken. Die niedrig besteuerten Gewinne können dann beispielsweise in weitere Immobilien reinvestiert werden. So trägt auch das Steuersystem zu wachsender Ungleichheit bei.

Steuerfreie Gewinne beim Verkauf

Zwei weitere Regelungen, von der sowohl kleinere Privatvermieter als auch Immobilienmillionäre profitieren können, sind ebenso problematisch: Gewinne aus dem Verkauf von Immobilien können steuerfrei vereinnahmt werden und das, obwohl zuvor die getätigten Ausgaben, die zur Wertsteigerung beigetragen haben, von der Steuer abgesetzt werden durften.

Konkret sieht das so aus: Wer in Immobilien investiert, kann die Kosten für die Instandhaltung von seinen steuerpflichtigen Einnahmen abziehen. Zusätzlich darf jährlich ein fiktiver Betrag für die Abnutzung des Gebäudes abgezogen werden. Diese sogenannten Abschreibungen sind auch bei anderen Wirtschaftsgütern üblich, die zur Gewinnerzielung genutzt werden. Während aber etwa bei Maschinen oder Fahrzeugen Abschreibungen den tatsächlichen Wertverlust über die (begrenzte) Nutzungsdauer abbilden, ist das bei Immobilien anders: Diese gewinnen über die Zeit häufig sogar an Wert, insbesondere in der Vergangenheit gab es große Wertsteigerungen in den Ballungsräumen.

Dennoch kann jährlich ein fiktiver Wertverlust steuerlich geltend gemacht werden: je nach Baujahr des Gebäudes sind das 2 bis 3 Prozent des Kaufpreises. Wer also beispielsweise eine Immobilie im Wert von 1 Million Euro (Gebäudewert) erwirbt, darf jedes Jahr zwischen 20.000 und 30.000 Euro von seinen steuerpflichtigen Einnahmen abziehen. Je nach persönlichem Steuersatz kann dies zu erheblichen Steuerersparnissen führen.

Wird nun die Immobilie nach einigen Jahren mit Gewinn verkauft, kann dieser häufig steuerfrei eingestrichen werden. Das gilt sowohl für Eigentümer, die Immobilien im Privatvermögen halten, als auch bei Immobilienmilliardären: Bei Verkäufen aus dem Privatvermögen fällt in der Regel keine Steuer an, wenn seit dem Kauf mindestens 10 Jahre vergangen sind. Und Immobilienmilliardäre können den Gewinn sogar ganz unabhängig von der Haltedauer nahezu steuerfrei behalten: Verkauft die Holding-Gesellschaft ihre Anteile an der das Grundstück haltenden Immobilien-GmbH, fallen lediglich rund 1,5 Prozent Steuern auf den Gewinn an.

Grunderwerbsteuer umgehen

Eine weitere Steuerregel führt dazu, dass Immobilienkonzerne beim Kauf von Immobilien deutlich günstiger wegkommen können als Menschen, die ihre erste Wohnimmobilie kaufen. Wer in Deutschland eine Immobilie kauft, zahlt dabei in der Regel Grunderwerbsteuer. Je nach Kaufpreis und Steuersatz des jeweiligen Bundeslandes (zwischen 3,5 und 6,5 Prozent) sind häufig Zehntausende Euro fällig.

Allerdings können einige vor allem größere Investoren diese Steuer gezielt umgehen. Wird statt der ganzen Immobilie nur ein Anteil von weniger als 90 Prozent übertragen, kann die Steuer vermieden werden. Für einen solchen sogenannten Share Deal, also Anteilskauf, muss die Immobilie in eine Kapitalgesellschaft eingebracht worden sein. Die restlichen 10 Prozent können nach Ablauf einer Frist von zehn Jahren übertragen werden, ohne dass die Grunderwerbsteuer dann anfällt.

Diese Gestaltung nutzte beispielsweise der größte deutsche Immobilienkonzern *Vonovia* im Jahr 2021 bei der Übernahme der Wohnungsgesellschaft *Deutsche Wohnen*. Der Konzern erwarb zunächst 89,9 Prozent der Anteile an der *Deutsche Wohnen*. Die verbleibenden Anteile wurden vorübergehend an die französische Bank *Société Générale* übertragen. Rund 1 Milliarde Euro Grunderwerbsteuer entging dem Land Berlin durch diesen Share Deal.

Privilegien auch bei der Erbschaftsteuer

Die Besserstellung von Immobilien im Steuerrecht reicht sogar bis zum Nachlass. Wer Mietimmobilien erbt oder geschenkt bekommt, genießt etwa gegenüber Erben von Finanzvermögen einen Vorteil: Statt des vollen Wertes müssen nur 90 Prozent versteuert werden – ein pauschaler Abschlag von 10 Prozent.

Daneben gibt es aber noch ein besonders weitreichendes Privileg für Großerben: Wer in Deutschland 30 Wohnungen bekommt, zahlt Erbschaftsteuer, wer hingegen mehr als 300 erhält, kann sich von der Steuer befreien lassen.

Denn nach einer Richtlinie der Finanzverwaltung ist bei einem Bestand von mehr als 300 Wohnungen regelmäßig von einem Wohnungsunternehmen auszugehen. Wir erinnern uns: Erben von Unternehmen profitieren bei der Erbschaftsteuer von weitreichenden Ausnahmen.

Wer nur 280 Wohnungen erbt, hat demnach eigentlich Pech. Es gibt jedoch einen Trick: Man kauft einfach rechtzeitig 21 zusätzliche Wohnungen dazu, um die 300er-Grenze zu erreichen und damit als »Wohnungsunternehmen« zu gelten. Da Immobilien in Deutschland oft teuer sind, könnte man die fehlenden Wohnungen in einem europäischen Land mit niedrigeren Preisen erwerben. Nach der Schenkung oder Erbschaft können diese Wohnungen dann wieder verkauft werden.

Steigen durch höhere Steuern die Mieten?

Das Bundesfinanzministerium begründet die Steuerfreiheit für Erben von über 300 Wohnungen damit, dass sie sonst gezwungen wären, Wohnungen zu verkaufen, um die Erbschaftsteuer zu bezahlen, was zu steigenden Mieten führen könnte. Warum diese Gefahr jedoch nur bei Wohnungsunternehmen oder Großerben bestehen soll, erklärt die Finanzverwaltung nicht. Statt die Mieter und den Markt zu schützen, führt die Regelung zum Gegenteil: Sie begünstigt die Anhäufung von Wohneigentum in den Händen weniger Menschen und Unternehmen.

Auch bei den übrigen Steuerprivilegien – vom steuerfreien Veräußerungsgewinn bis hin zur Gewerbesteuerfreiheit – argumentieren Lobbyorganisationen, dass deren Wegfall zu höheren Mieten führen würde, da die zusätzlichen Steuern auf die Mieter umgelegt werden müssten. Zwar gibt es tatsächlich Fälle, in denen Vermieter Immobilien im Millionenwert besitzen, sich das aber nicht in ihren Gewinnen widerspiegelt, weil sie besonders günstig vermieten, doch das sind Ausnahmen (etwa 3 Prozent). Diese Sonderfälle sollten nicht dazu dienen, gesamtwirtschaftlich schädliche und ungerechte Steuerregeln zu rechtfertigen.

Ein Blick in die Geschäftsberichte und Bilanzen der großen Wohnungsunternehmen zeigt: Die größten Immobilienkonzerne nehmen insbesondere in den Ballungsräumen bereits die maximal mögliche Miete, die der Mietspiegel erlaubt.[113] Höhere Steuern könnten deshalb nicht auf die Miete umgelegt werden, sondern würden vor allem die Gewinne mindern.

Im Ergebnis locken die Steuerprivilegien nur das Kapital von Hochvermögenden auf den Immobilienmarkt.

Steuerprivilegien befeuern Ungleichheit

Neben den gesamtwirtschaftlich schädlichen Fehlanreizen und Marktverzerrungen befeuern diese massiven Steuerprivilegien sogar die soziale Ungleichheit. Immobilien machen etwa drei Viertel des gesamten Vermögens in Deutschland aus. Rund die Hälfte der Deutschen wohnt dabei zur Miete und das vor allem bei den wohlhabenden Teilen der Bevölkerung. 96 Prozent aller Mietimmobilien gehören dem reichsten Drittel.[114]

Von den Privilegien im Immobiliensektor profitieren somit vor allem die oberen Schichten. Das verschärft die Vermögenskonzentration und benachteiligt vermögenslose Menschen im Wettbewerb um den umkämpften Wohnraum.

Privilegien streichen!

Eine Steuerreform im Immobilienbereich würde somit nicht nur die Effizienz des deutschen Steuersystems verbessern, sondern sich auch positiv auf die Verteilungsgerechtigkeit auswirken.

Die Ausnahme für Kapitalgesellschaften von der Gewerbesteuer sowie die Steuerfreiheit für die Gewinne beim Verkauf sollten weitestgehend gestrichen werden. Das Privileg für Erben von mehr als 300 Immobilien würde automatisch entfallen, wenn die Steuerausnahmen für Unternehmenserben generell gestrichen werden.

Weil es gegen die Abschaffung der Gewerbesteuerbefreiung große politische Widerstände gibt, sei gesagt: Die in Kapitel 5 beschriebene Vermögensteuer für Superreiche von 2 Prozent würde dieses Privileg zumindest bei Immobilienmilliardären indirekt ausgleichen. Die Steuer auf das Vermögen würde dazu führen, dass auf die Millionengewinne aus Mieten letztlich ein angemessener Steuersatz gezahlt wird, auch dann, wenn die Immobilien über Holding-Strukturen gehalten werden.

Werden die Ausnahmen bei der Gewerbe- und der Erbschaftsteuer sowie beim steuerfreien Verkauf gestrichen, könnten nach Berechnungen des Deutschen Instituts für Wirtschaftsforschung (DIW) allein dadurch jährlich etwa 13 Milliarden Euro mehr in der Gemeinschaftskasse landen.[115] Zum Vergleich: Der Etat des Bundesbauministeriums liegt im Jahr 2024 bei rund 7 Milliarden Euro.

Mit diesen Einnahmen könnte der Wohnungsbau nennenswert vorangetrieben werden. Ein höheres Angebot an bezahlbarem Wohnraum würde den Immobilienmarkt entlasten. Und weil die Immobilie die entscheidende Schwelle für den Vermögensaufbau der vermögenslosen Hälfte der Bevölkerung darstellt, gilt es beim Überwinden dieser Hürde zu helfen.

In der Vergangenheit hat die Politik oft Programme für Menschen aufgestellt, die bereits genug Startkapital für den

Immobilienkauf besaßen. Das Baukindergeld von 2018 und die Eigenheimzulage von 1996 führten überwiegend zu Mitnahmeeffekten. Stattdessen sollten Fördermaßnahmen gezielt auf Menschen ausgerichtet sein, die den Anschub benötigen.

7
Sind Steuern geschlechtergerecht?

Ein symbolischer Sieg für Gleichberechtigung

Wohl nie zuvor beteiligten sich so viele junge Menschen – vor allem Frauen – so emotional an einer Steuerdebatte wie im Jahr 2019, als es um die sogenannte »Tamponsteuer« ging. Petitionen mit insgesamt über 290.000 Unterschriften forderten für Tampons, Binden und Menstruationstassen statt des regulären Mehrwertsteuersatzes von 19 Prozent den ermäßigten Satz von 7 Prozent. Der geringere Steuersatz soll Verbraucher entlasten und gilt deshalb für vieles Lebensnotwendige wie Grundnahrungsmittel, aber auch für kulturelle Angebote.

Die Forderung war erfolgreich: Seit 2020 fällt beim Kauf von Monatshygieneartikeln 12 Prozentpunkte weniger Mehrwertsteuer an. Diese Anpassung hatte jedoch lediglich symbolischen Charakter. Im Durchschnitt spart eine Frau dadurch theoretisch zwischen 2 und 5 Euro pro Jahr an Steuern. Der Marktführer in diesem Bereich, der o.b.-Hersteller *Johnson & Johnson*, hat diese Steuersenkung jedoch nicht an die Kundinnen weitergegeben. Die Preise auf Tampons wurden wenige Monate nach der Steuersenkung im Rahmen einer »Produktoptimierung« sogar um teils bis zu 22 Prozent erhöht.[116] Viele andere Unternehmen gaben den Steuernachlass für Tampons zwar weiter, erhöhten aber zeitgleich die Preise für Slipeinlagen, die von der Steuersenkung ausgenommen waren.[117]

Viele weitaus gravierende finanzielle Benachteiligungen durch das Steuerrecht erhalten deutlich weniger Aufmerksamkeit als die Tamponsteuer. Obwohl das Steuersystem von vielen als »geschlechtsneutral« angesehen wird, zeigt ein genauerer Blick, dass Frauen durchaus diskriminiert werden.

Automatisch benachteiligt

Im deutschen Steuerrecht gibt es heute nur noch zwei Regelungen, die explizit an das Geschlecht anknüpfen: Eine davon stellt das Mutterschaftsgeld steuerfrei, die andere betrifft das Formular für die Einkommensteuererklärung von Verheirateten. Trotz jahrelanger Kritik steht dort unveränderlich der Ehemann an erster Stelle und die Ehefrau an zweiter – selbst für den Fall, dass sie Alleinverdienerin ist.

Eine Anpassung der Formulare scheiterte bisher an der Umstellung der Steuer-Software durch die Finanzverwaltung, so die offizielle Begründung. Auch wenn es hierbei vor allem um eine symbolische Anpassung geht, hat die Finanzverwaltung den Handlungsbedarf zumindest erkannt – die Umsetzung steht jedoch noch aus.

Echte materielle Nachteile für Frauen entstehen aber vor allem *mittelbar* durch zahlreiche auf dem Papier geschlechtsneutral formulierte Steuernormen.

Denn die Regelungen sind zwar sprachlich so formuliert, dass sie für Frauen und Männer gleichermaßen gelten, sie stehen jedoch in Wechselwirkung mit den unterschiedlichen Lebensrealitäten der Geschlechter. Dazu gehören beispielsweise Art und Höhe des Einkommens, der Konsumentscheidungen, unterschiedliche Vermögen sowie verschiedene soziale Erwartungen und Rollen.

Die Lebensrealitäten lassen sich wie folgt beschreiben: Frauen verdienen statistisch nicht nur weniger als Männer, sie haben im Durchschnitt auch weniger Vermögen und erhalten auch im engsten Familienkreis geringere Erbschaften und Schenkungen. Das gleiche Steuersystem wirkt deshalb ungleich auf die Geschlechter.

Grundregel für geschlechtergerechte Steuerpolitik

Niedrige Einkommensteuern auf geringere Einkommen und eine möglichst progressiver Steuertarif kommt vor allem Geringverdienenden zugute, also insbesondere Frauen. Von großzügigen Freibeträgen bei der Einkommensteuer, aber auch von einem niedrigen Steuersatz für Kapitaleinkommen profitieren faktisch Männer stärker. Auch hohe Steuern auf den Konsum treffen die Geschlechter ungleich: Weil Frauen weniger Einkommen haben, müssen sie einen größeren Anteil davon für Konsum ausgeben. Von niedrigen Steuern auf Vermögen und Erbschaften profitieren Männer stärker, weil sie mehr davon haben und erhalten.

Ehegattensplitting – Steuerprivileg für Verheiratete

Im Zentrum der Debatte um faire Steuern für beide Geschlechter steht das sogenannte Ehegattensplitting bei der Einkommensteuer. Gemeint ist damit das Verfahren zur gemeinsamen Besteuerung von verheirateten Paaren sowie eingetragenen Lebenspartnerschaften.

So funktioniert das Ehegattensplitting

Zunächst addiert das Paar die jeweiligen Einkommen. Das Gesamteinkommen wird dann durch zwei geteilt – daher die Bezeichnung »Splitting«. Anschließend wird die Einkommensteuer auf das halbierte Einkommen berechnet. Das Ergebnis wird dann wiederum mit dem Faktor zwei multipliziert und ergibt die Steuer des Paares.

Das Splittingverfahren bietet insbesondere Paaren mit Einkommensunterschieden einen finanziellen Vorteil. Durch das Splittingverfahren wird die progressive Wirkung des Einkommensteuertarifs für Besserverdienende abgemildert. Das bedeutet, dass das Einkommen der Besserverdienenden nicht so stark besteuert wird, wie es der Fall wäre, wenn sie ihre Steuern separat berechnen ließen. Im Ergebnis zahlt ein Ehepaar mit unterschiedlich hohen Einkommen weniger Steuern als ein unverheiratetes Paar mit dem gleichen Einkommen.

Obwohl sich durch das Zusammenleben ohnehin finanzielle Vorteile für Paare ergeben, beispielsweise bei den Wohnkosten, wird die Ehe dadurch zusätzlich steuerlich entlastet. Statt ausreichend Vereinbarkeit von Familie und Beruf zu fördern, gibt der Staat Milliarden für das Ehegattensplitting aus – ganz unabhängig davon, ob Kinder in der Ehe sind.

Steuervorteil für Besserverdiener-Ehen

Der Steuervorteil ist aber nicht für alle Ehen gleich hoch. Er ist umso höher, je größer der Einkommensunterschied zwischen den Eheleuten ist und je höher das gemeinsame Einkommen ist. Oder anders ausgedrückt: Die größte steuerliche Förderung erhalten Ehepaare dann, wenn das Einkommen sehr hoch und das zweite sehr gering ist.

Deshalb profitieren Alleinverdiener-Ehepaare am meisten vom Splittingverfahren. Die maximale Ersparnis tritt ein, wenn das zu versteuernde Einkommen einer Person so hoch ist, dass bereits für die Hälfte des Einkommens der Reichensteuersatz (inklusive Solidaritätszuschlag von 47,5 Prozent) erreicht wird. Dies ist derzeit ab einem Einkommen von mindestens 555.650 Euro der Fall. Im Jahr 2023 lag die maximale steuerliche Entlastung für diese Einkommens-Konstellation bei 19.310 Euro – das ist mehr, als Paare in Deutschland durchschnittlich für ihre Jahresmiete zahlen müssen.

Ehepaare, bei denen eine Person ein zu versteuerndes Einkommen von 47.000 Euro erzielt (Bruttolohn von etwa 60.000 Euro), während die andere Person nicht arbeitet, profitieren schon deutlich weniger vom Splitting: Hier liegt der Vorteil nur bei etwa 4.600 Euro pro Jahr.

Diese Ersparnis nimmt zudem schnell weiter ab, wenn Zweitverdienende Arbeit aufnehmen und Einkommen hinzuverdienen: Bei einem Einkommen von 10.000 Euro sinkt der Vorteil auf rund 1.800 Euro, bei 20.000 Euro auf nur noch 760 Euro und wenn die Eheleute letztlich das gleiche verdienen, verschwindet der Steuervorteil gänzlich.

Genau das ist das zweite Problem des Ehegattensplittings: Das Zusammenspiel aus dem progressiven Steuertarif und dem Splittingverfahren sorgt für einen hohen Grenzsteuersatz bei Zweitverdienenden. Das bedeutet konkret: Wenn Zweitverdienende, also insbesondere Frauen, eine weitere oder höher bezahlte Arbeit aufnehmen, fallen höhere Steuern an, als wenn ihr Einkommen allein besteuert würde. Das Steuerrecht schafft hier also Anreize, dass sie kein Einkommen »hinzuverdienen« oder lediglich in einem sogenannten Minijob arbeiten, der pauschal mit 2 Prozent besteuert wird.

Dies hat auch langfristige Folgen: Wer weniger verdient, zahlt entsprechend weniger in die Sozialversicherung ein und hat letztlich geringere Leistungsansprüche. Insbesondere die niedrigeren Renten von Frauen sind der Grund, warum sie in Deutschland häufiger von Altersarmut betroffen sind als Männer.

Eine Regel aus dem vergangenen Jahrhundert

Eingeführt wurde das Splitting 1958. Bis dahin wurden Ehen, wenn beide Partner Einkommen hatten, gegenüber Unverheirateten steuerlich benachteiligt. Das Einkommen wurde zusammengerechnet, und der Steuersatz errechnete sich für ihr Gesamteinkommen gänzlich ohne Splitting, was im Gegensatz zu heute zu einer höheren Steuerlast von Ehepaaren im Vergleich zu unverheirateten Paaren führte.[118]

Obwohl damals nur in etwa jeder siebten Ehe auch die Frau arbeitete, erkannte das Bundesverfassungsgericht einen Verstoß gegen den Grundsatz der Gleichbehandlung und den Schutz von Ehe und Familie. Die Ehe sei eine Verpflichtung, finanziell füreinander zu sorgen, und das müsse im Gegenzug auch steuerlich berücksichtigt werden, urteilten die Richter.

Die Politik musste also handeln. Anstatt jedoch lediglich die Benachteiligung der Doppelverdiener-Ehe zu beseitigen und eine Möglichkeit zu schaffen, die gegenseitigen Einstandspflichten der Ehepartner steuerlich anzuerkennen – etwa durch die Freistellung des Existenzminimums beider Partner – wurden mit dem Splitting weitreichende Steuervorteile für Ehepaare eingeführt. Die Förderung wirtschaftlicher Selbstständigkeit von Frauen hatte damals keinerlei Priorität. Im Gegenteil, es galt vielmehr als politisches Ziel, Frauen vom Arbeitsmarkt fernzuhalten. Das Ehegattensplitting ist also eine Regelung aus einer anderen Zeit.

In den vergangenen 70 Jahren haben sich Ehe- und Familienmodelle in Deutschland grundlegend gewandelt. Es wird heute deutlich weniger geheiratet: Im Jahr 2023 wurden 361.300 Ehen geschlossen, und damit nur noch etwa halb so viele wie in den 1950er-Jahren. Ehen werden aber nicht nur seltener, sondern auch später geschlossen, es kommen weniger Kinder hinzu, und die Scheidungsrate ist deutlich höher.[119] Das Steuerrecht hat sich jedoch nicht an diesen weitreichenden gesellschaftlichen Wandel und die veränderten Lebensentwürfe angepasst.

Deutschland hängt hinterher

Kaum ein anderes Land besteuert Ehen nach einem derart altmodischen Verfahren wie Deutschland. Dabei ist die ökonomische Gleichstellung von Männern und Frauen nicht nur eine Frage der Gerechtigkeit, sondern bringt auch erhebliche volkswirtschaftliche Vorteile mit sich. Angesichts des Fachkräftemangels hat Deutschland großen Handlungsbedarf und kann es sich eigentlich nicht leisten, Hausfrauen-Ehen zu fördern.

Zwar sind etwa 73 Prozent der Frauen und 81 Prozent der Männer erwerbstätig – im internationalen Vergleich ein guter Wert. Allerdings arbeiten überdurchschnittlich viele Frauen in Deutschland nur in Teilzeit: 47 Prozent der erwerbstätigen Frauen arbeiten weniger als 30 Stunden im Gegensatz zu lediglich 11 Prozent der Männer.[120]

Unter Ökonomen gilt das Splittingverfahren als ein wesentlicher Grund für die niedrige Erwerbsbeteiligung von Frauen. Internationale Organisationen wie die OECD, der Internationale Währungsfonds (IWF) und die Vereinten Nationen (UN) kritisieren Deutschland dafür regelmäßig.[121]

Dennoch scheitert eine Umgestaltung des Splittingverfahrens bisher am politischen Widerstand gegen die damit verbundene Mehrbelastung derjenigen, die aktuell profitieren – überproportional sind das besserverdienende Paare.

Schrittweise Rückführung der teuren Eheförderung

Jedem Ehepaar soll es offenstehen, welches Rollenmodell es leben möchte. Statt einseitig die Hausfrauen-Ehe zu fördern, sollte der Staat hier möglichst neutral sein.

Weil sich Menschen aber an Subventionen gewöhnen und deren Streichen immer den Charakter einer Steuererhöhung hat, sind die politischen Widerstände groß. Um diese Widerstände endlich zu überwinden, könnte der Übergang in einzelnen Schritten erfolgen, um die Veränderungen abzufedern.[122]

In einem ersten Schritt sollte das Ausmaß des Splittingvorteils durch einen maximalen Übertragungsbetrag zwischen den Eheleuten begrenzt werden. Sehr große Unterschiede beim Einkommen werden dann nicht mehr voll steuerlich begünstigt. In einem nächsten Schritt kann der Vorteil weiter zurückgefahren werden und schließlich sollte auch für Verheiratete die Individualbesteuerung gelten.

Dabei sind die Grenzen einzuhalten, die das Bundesverfassungsgericht gesetzt hat: Wenn Eheleute grundsätzlich wie Nichtverheiratete besteuert werden, muss ein nicht genutzter Grundfreibetrag zwischen den Eheleuten übertragbar sein. Damit würde die Ehe nach wie vor gefördert, aber das Ausmaß stark begrenzt.[123]

Mit jedem dieser Schritte werden viele Milliarden Euro eingespart – insgesamt rechnet das Deutsche Institut für Wirtschaftsforschung (DIW) mit mehr als 12 Milliarden Euro pro Jahr.[124]

Die wirtschaftliche Benachteiligung von Frauen wird besonders groß, wenn sie Mütter werden und ihre Arbeit unterbrechen oder reduzieren, während Väter meist weiterhin Vollzeit arbeiten. Nicht nur das Ehegattensplitting, sondern auch fehlende Betreuungsmöglichkeiten hindern Frauen daran, mehr zu arbeiten. Deshalb müssen die freiwerdenden Mittel unbedingt in die Familienförderung fließen, vor allem in den Ausbau von Ganztagsbetreuungsangeboten für Kinder.

Gender Wealth Gap

Die Einkommensbesteuerung ist jedoch ebenso wenig wie der Mehrwertsteuersatz auf Tampons der geeignete Ort im Steuerrecht, an dem Vermögens- und Machtverhältnisse nennenswert beeinflusst werden können. Denn wie in Kapitel 2 gezeigt wurde, zahlen Hochvermögende kaum persönliche Einkommensteuer.

Aus Perspektive der Geschlechtergerechtigkeit gibt es aber genau dort Handlungsbedarf. Nicht nur die Einkommen zwischen den Geschlechtern sind zugunsten von Männern ungleich verteilt, sondern auch die Vermögen. Laut Haushaltsbefragungen des *Sozio-oekonomischen Panels* (*SOEP*) besitzen Frauen rund 30 Prozent weniger Vermögen. Männer halten in allen Vermögenskategorien mehr Vermögen: Mietimmobilien, Finanzanlagen sowie Bauspar- und Versicherungsguthaben. Lediglich bei den selbstbewohnten Immobilien haben Frauen nur einen geringen Rückstand. Den größten Unterschied zwischen den Geschlechtern gibt es beim Betriebsvermögen. Hier halten Frauen rund 80 Prozent weniger als Männer.[125]

Von der ausgesetzten Vermögensteuer, sinkenden Unternehmenssteuern und von Steuerprivilegien auf dem Immobilienmarkt profitieren deshalb Männer deutlich stärker.

Weil Frauen sowohl weniger Lohn für ihre Arbeit bekommen als auch weniger Einkommen aus ihren geringeren Vermögen erzielen, können sie wiederum weniger neues Vermögen aufbauen. Aber es gibt noch einen weiteren Faktor, der für Unterschiede bei der Vermögensverteilung zwischen Geschlechtern sorgt: Erbschaften und Schenkungen.

Wohlhabende Familien geben große Vermögenswerte deutlich häufiger an ihre Söhne und Neffen weiter als an ihre Töchter und Nichten. Die großen Vermögen – solche jenseits von 100 Millionen – landen nur zu rund einem Drittel bei Frauen. Ausgerechnet diese Großvermögen stellen weitestgehend betriebliches Vermögen dar, das von der Erbschaft- und Schenkungsteuer befreit ist. Die Steuersubventionen von jährlich rund 10 Milliarden Euro landen dementsprechend überwiegend bei Männern.

Bei Erbschaften und Schenkungen sind Frauen also gleich doppelt benachteiligt: Zum einen erhalten sie insgesamt weniger Vermögen, zum anderen müssen sie im Durchschnitt einen größeren Anteil davon in Form von Steuern abgeben, da sie weniger steuerbefreites Unternehmensvermögen erhalten.

Eine Studie des Max-Planck-Instituts für Gesellschaftsforschung zeigt: Auf Schenkungen derselben Beträge müssen Frauen im Durchschnitt 3 Prozent Steuern zahlen und damit 0,5 Prozentpunkte mehr als Männer.[126] Das mag erst einmal nach einer kleinen Differenz klingen, aber bei einem Vermögen von 300.000 Euro muss eine Frau letztlich 1.500 Euro mehr Steuern zahlen. Die Abschaffung der Steuerausnahmen für Firmenerben ist somit auch ein Schritt hin zu einer geschlechtergerechten Steuerpolitik.

Kein Trickle-Down-Feminismus

Menschen aus Ostdeutschland sind unabhängig von ihrem Geschlecht bei der Vermögensverteilung noch stärker benachteiligt als (westdeutsche) Frauen. Deshalb sorgt eine stärkere Besteuerung von Vermögen und eine Entlastung von mittlerem Arbeitseinkommen nicht nur für einen sozialen Ausgleich zwischen den Geschlechtern, sondern auch zwischen dem Osten und Westen des Landes.

Hierbei muss eines klar sein: Die Kritik an der Verteilungsgerechtigkeit darf sich nicht allein auf die Spitze der Gesellschaft beschränken, also speziell auf die Frage, welche Gruppen unter den Hochvermögenden wie stark vertreten sind. Gerecht ist eine Gesellschaft nicht schon dann, wenn unter den reichsten und mächtigsten Menschen des Landes die verschiedenen Gruppen so vertreten sind, wie in der Gesellschaft insgesamt, aber die Kluft zwischen Arm und Reich groß bleibt. Anders gesagt: Selbst wenn Deutschlands Eliten zu 50 Prozent weiblich wären, 24 Prozent von ihnen einen Migrationshintergrund hätten und 20 Prozent in Ostdeutschland geboren wären, herrschte immer noch keine soziale Gerechtigkeit.

Nicht die Vielfalt an der Spitze der Gesellschaft ist entscheidend, sondern die strukturellen Ungleichheiten auf allen Ebenen. Unabhängig davon, ob Deutschlands Führungspositionen in der Wirtschaft überwiegend weiblich besetzt sind: Ein Angriff auf den Sozialstaat geht mehrheitlich zu Lasten von Frauen, und das wird sich auf lange Sicht nicht ändern. Frauen haben aufgrund von Schwanger- und Mutterschaft sowie der gesellschaftlichen Verteilung der Aufgaben und der entsprechenden Bezahlung wesentlich weniger Einkommen. Frauen sind beispielsweise deutlich häufiger alleinerziehend[127] und überdurchschnittlich von Altersarmut betroffen.[128]

Es genügt also gerade nicht, über Frauenquoten für die Spitzenpositionen in Unternehmen und Aufsichtsräten ohnehin schon privilegierte Frauen zu fördern. Ebenso wenig reicht es, junge Akademikerfrauen fit für individuelle Investments am Finanzmarkt zu machen. Frauen profitieren vor allem davon, wenn sich Vermögen, Einkommen und Bildungschancen in der Gesellschaft insgesamt wieder annähern.

Strukturelle Ungleichheit statt Symbolpolitik

Die Überwindung des Ehegattensplittings ist auf dem Weg zu mehr Geschlechtergerechtigkeit ein wichtiger Schritt. Das allein reicht aber nicht. In keinem Fall darf sich geschlechtergerechte Steuerpolitik mit symbolischen Siegen zufriedengeben. Vielmehr muss sie an den materiellen Grundlagen ansetzen. Vermögen und vermögensbezogene Einkommen müssen wieder höher besteuert werden und mittlere Arbeitseinkommen entlastet werden.

Die Tamponsteuer ist ein gutes Beispiel dafür, dass die Probleme struktureller Natur sind. Denn es bleibt sogar fraglich, wessen Sieg die symbolische Steuersenkung im Ergebnis war. Frauen sparen zwar seit 2020 jährlich 12 Prozentpunkte Mehrwertsteuer auf bestimmte Hygieneartikel. Diese Steuersenkungen wurden aber von den Konzernen auf die Preise aufgeschlagen. Unterm Strich müssen Frauen also mehr zahlen als vorher. Die zusätzlichen Gewinne des Konzerns dürften bei den überwiegend männlichen Anteilseignern landen.[129]

8
Was ist zu tun?

Steuern und Beiträge finanzieren in Deutschland das Gemeinwesen und sichern damit Wohlstand so gut wie in nur wenigen anderen Ländern der Welt. Das Steuersystem sorgt dafür, dass Menschen mit hohen Arbeitseinkommen genauso wie erfolgreiche Unternehmer in kleinen und mittelständischen Unternehmen einen großen Beitrag dazu leisten.

Allerdings bestehen Gerechtigkeitslücken bei der Besteuerung von Vermögen und Vermögenseinkommen. Deshalb zahlen Eigentümer großer Konzerne, Immobilienmilliardäre und Erben von großen Vermögen regelmäßig zu wenig Steuern.

Die größten Konzerne und Milliardenvermögen können durch Steuervorteile noch schneller wachsen, wodurch die ohnehin bereits große Vermögensungleichheit in Deutschland weiter befeuert wird. In Deutschland ist Vermögen und damit die Verfügungsmacht über wirtschaftliche Ressourcen mittlerweile so ungleich verteilt wie in wenigen anderen Ländern. Trotz des Wachstums der größten Privatvermögen in den vergangen Jahren sind zentrale gesamtgesellschaftlich notwendige Zukunftsinvestitionen ausgeblieben. In den kommenden Jahren müssen Infrastruktur, Wirtschaft und Daseinsvorsorge mit großen Anstrengungen zukunftsfähig gemacht werden.

In einer Gesellschaft mit begrenzten ökonomischen Ressourcen, dazu zählen insbesondere auch Arbeitskräfte, bedeutet die Erweiterung der finanziellen Möglichkeiten einer

Person beziehungsweise eines Unternehmens zwangsläufig eine Einschränkung der Möglichkeiten für andere. Die vorhandenen Ressourcen müssen gerechter verteilt und besser eingesetzt werden. Wenn wir die großen Herausforderungen gemeinsam steuern und finanzieren wollen, ohne dabei das Gemeinwesen zu opfern oder die breite Arbeitnehmerschaft stärker zu belasten, müssen die reichsten Menschen und größten Konzerne einen höheren Beitrag leisten.

Das Steuersystem kann einen wichtigen Beitrag dazu leisten, Deutschland zukunftsfähig zu machen – doch dafür braucht es dringend ein Update. Eine Mindeststeuer auf die Vermögen der Superreichen sollte dabei eine zentrale Rolle spielen. Denn die tatsächlichen Steuersätze von Multimillionären und Milliardären liegen oft deutlich unter den gesetzlichen Höchststeuersätzen und unter dem, was die breite Mitte der Bevölkerung an Steuern und Abgaben leistet. Mit der Einführung einer Vermögensteuer für Superreiche könnte die Progressivität der Einkommensteuer wiederhergestellt werden. Ein Steuersatz von 2 Prozent würde dazu führen, dass die effektive Besteuerung der Erträge aus ihren Multimillionen- und Milliardenvermögen auf etwa 40 bis 60 Prozent steigt.

In vielen Ländern dringt die Botschaft zunehmend zu politischen Entscheidungsträgern durch: Niedrige Steuern für Unternehmen und Superreiche führen nicht automatisch zu einem allgemeinen Wohlstandsgewinn, sondern verschärfen vielmehr die Ungleichheit.[130]

Im Jahr 2024 haben sich erstmals die Staats- und Regierungschefs der führenden Industrie- und Schwellenländer im Rahmen des G20-Treffens darauf verständigt, sich für eine wirksame Besteuerung der Superreichen einzusetzen.

Mit dem 2017 eingeführten internationalen Informationsaustausch zu Finanzkonten zur Bekämpfung von Steuerhinterziehung sowie der globalen Mindeststeuer für große Konzerne, die seit 2024 gilt, hat die internationale Gemeinschaft bereits entscheidende Schritte eingeleitet, um Schattenfinanzplätze und Kapitalflucht zu bekämpfen. In den kommenden Jahren könnte eine global koordinierte Steuer auf große Vermögen folgen.

Deutschland muss jedoch nicht auf internationale Absprachen warten, um eine Vermögensteuer einzuführen. Die notwendigen Voraussetzungen sind hierzulande bereits gegeben: Das Grundgesetz sieht die Möglichkeit einer Vermögensteuer ausdrücklich vor, und gegen Steuerflucht ist Deutschland durch eine Wegzugsteuer geschützt.

Diesem Trend entgegen versuchen derzeit Interessengruppen der Unternehmen in Deutschland, das Narrativ des Standortwettbewerbs aus den 1990er-Jahren wiederzubeleben. Allerdings ist die heutige Situation, insbesondere im Hinblick auf den Arbeitskräftemangel, eine völlig andere. Pauschale Unternehmenssteuersenkungen sind in Zeiten knapper Ressourcen wirtschaftlich nicht zielführend. Im Gegenteil, sie führen zu Steuerausfällen, die dringend notwendige staatliche Investitionen verhindern und die Lage zusätzlich verschlimmern.

Zudem würden durch pauschale Steuersenkungen für Unternehmen die Steuersätze der Superreichen noch weiter sinken und die Ungleichheit weiter zunehmen. Stattdessen sollten in einer Zeit, in der soziale und ökologische Herausforderungen immer drängender werden, bestimmte Privatinvestitionen gezielt gefördert werden. Durch zeitlich befristete Sonderabschreibungen und stärkere Forschungsförderung können Investitionen in nachhaltige Zukunftstechnologien, sozialen Wohnungsbau, öffentlichen Nahverkehr, IT-Sicherheit und digitale Infrastruktur gelenkt werden.

Eine weitere wichtige Maßnahme ist die Abschaffung des Ehegattensplittings. Zunächst wäre das ein Schritt hin zu mehr Geschlechtergerechtigkeit bei der Besteuerung. Mit Blick auf den Arbeitskräftemangel würden darüber hinaus aber auch Unternehmen davon profitieren. Das Splittingverfahren begünstigt durch steuerliche Anreize die traditionelle Hausfrauenehe und hemmt damit das Potenzial vieler Frauen auf dem Arbeitsmarkt. Die zusätzlichen Steuereinnahmen, die durch die Abschaffung erzielt werden, sollten in den Ausbau von Kinderbetreuungsangeboten investiert werden.

Ein zukunftsfähiges Steuersystem muss sicherstellen, dass die Macht weniger Großkonzerne nicht weiter wächst. Immer größere Anteile der Wertschöpfung werden von wenigen global agierenden und hochprofitablen Unternehmen kontrolliert. Ein Teil ihrer enormen Renditen resultiert nicht aus außergewöhnlichen unternehmerischen Fähigkeiten, sondern aus ihrer Marktmacht. Daher sollte eine zusätzliche Steuer auf untypisch hohe Monopolgewinne – sogenannte Übergewinne – eingeführt werden, um die Marktwirtschaft und den Wettbewerb zugunsten des Mittelstands zu stärken.

Ein gutes Beispiel dafür, dass niedrige Steuersätze für Unternehmen nicht automatisch zu Investitionen im Sinne der Allgemeinheit führen, ist der Immobilienmarkt. Für Immobilienkonzerne und -investoren gelten aufgrund verschiedener Privilegien bereits niedrige Steuersätze. Das hat jedoch die Preise auf dem Immobilienmarkt zulasten weiter Bevölkerungsteile zusätzlich angeheizt.

Nicht zuletzt, weil Immobilien für die Vermögensbildung und -verteilung eine zentrale Rolle spielen, müssen die Steuerregeln für Immobilien dringend überarbeitet werden. Die zahlreichen Privilegien, die die Anhäufung von Wohneigentum in den Händen weniger Menschen und Unternehmen ohne Neubauabsichten begünstigen, müssen gestrichen werden.

Wenn diese Regeln allesamt umgesetzt werden, würde dies bereits zu einer gerechteren Verteilung des Wohlstands beitragen und der hohen Vermögenskonzentration entgegenwirken. Die Vermögen der Superreichen würden dadurch allerdings nicht abgebaut, sondern lediglich langsamer wachsen. Daher sollte eine effiziente Erbschaft- und Schenkungsteuer sicherstellen, dass sich Deutschland nicht weiter zur Erbengesellschaft entwickelt. Die Steuerprivilegien für Unternehmenserben, die dazu führen, dass ausgerechnet auf die größten Übertragungen kaum oder teilweise überhaupt keine Steuern anfallen, sollten abgeschafft werden.

Das Steuersystem allein kann nicht alle gegenwärtigen Probleme lösen, aber es ist ein entscheidendes Werkzeug zur Bewältigung vieler gesellschaftlicher Herausforderungen. Um die Demokratie zu stärken und die dringend notwendige Transformation von Wirtschaft und Gesellschaft zu ermöglichen, ist eine Neuausrichtung der Steuerpolitik unerlässlich.

Anmerkungen

1 Bertelsmann Stiftung; Ifo-Institut (2022): Gefühlt ungerecht: Gerechtigkeitsempfinden in Deutschland.

2 Zick, A.; Küpper, B.; Mokros N. (2024): Die distanzierte Mitte. Rechtsextreme und demokratiegefährdende Einstellungen in Deutschland 2022/23, Bonn: Verlag J.H.W. Dietz. Schäfer, A.; Zürn, M. (2021): Die demokratische Regression, Frankfurt am Main: Suhrkamp Verlag.

3 Zick, A.; Küpper, B.; Mokros N. (2024): Die distanzierte Mitte. Rechtsextreme und demokratiegefährdende Einstellungen in Deutschland 2022/23, Bonn: Verlag J.H.W. Dietz. Schäfer, A.; Zürn, M. (2021): Die demokratische Regression, Frankfurt am Main: Suhrkamp Verlag.

4 Dullien, S.; Iglesias, S.G., Hüther, M.; Rietzler, K. (2024): Herausforderungen für die Schuldenbremse: Investitionsbedarfe in der Infrastruktur und für die Transformation. IMK Policy Brief Nr. 168, Mai 2024.

5 Bundesministerium der Finanzen (2024): 166. Steuerschätzung vom 14. bis 16. Mai 2024.

6 Bundesministerium der Finanzen (2024): BMF-Monatsbericht Mai – Entwicklung der Steuer- und Abgabenquoten.

7 Jirmann, J.; Trautvetter C. (2024): Jahrbuch Steuergerechtigkeit, S. 17.

8 Neben Steuern sind weitere Einnahmen des Staates Gebühren. Im Gegensatz zu Steuern erhalten die Bürgerinnen und Bürger für die Zahlung von Gebühren eine konkrete Gegenleistung. Außerdem erzielt der Staat Einnahmen aus seinen Beteiligungen an Unternehmen. Diese Einnahmen sind jedoch im Verhältnis zu den Gesamteinnahmen sehr gering.

9 Dezernat Zukunft (2024): Die Deutsche Schuldenbremse, online abrufbar: <https://schuldenbremse.info/>

10 Die Schätzung des Internationalen Währungsfonds gilt als konservative Schätzung. Andere Rechnungen kommen zu einer niedrigeren Schuldenquote von 47 Prozent. Vgl hierzu Dezernat Zukunft (2024): Die deutsche Schuldenquote liegt bei 47 Prozent, online abrufbar: <https://www.dezernatzukunft.org/die-deutsche-schuldenquote-liegt-bei-47-prozent-2/>

11 IfW Kiel, ifo-Institut, DIW Berlin; IWH, RWI (2024): Reform der

Schuldenbremse kein Allheilmittel – Gemeinschaftsdiagnose.
12 Bundesministerium der Finanzen (2022): Steuern im internationalen Vergleich
13 Dullien, S.; Rietzler, K. (2024): Datencheck entkräftet »Mär vom aufgeblähten deutschen Staat« – unauffällige Entwicklung im internationalen und historischen Vergleich, in IMK Kommentar Nr. 11 Februar 2024.
14 Deutscher Bundestag (2017): Beschlussempfehlung und Bericht des 4. Untersuchungsausschusses nach Artikel 44 des Grundgesetzes, Drucksache 18/12700 vom 20.06.2017 Spengel, C. (2021): Estimation of the Tax Revenue Loss Caused by Cum/Cum Transactions Update 2021 on behalf of and in collaboration with the research network CORRECTIV1 14. October 2021.
15 Bundesministerium für Gesundheit (2023): Vorläufige Finanzergebnisse der GKV für das Jahr 2022.
16 Institut Arbeit und Qualifikation (2023): Verwaltungs- und Abschlusskosten der GKV und PKV 2009–2021.
17 BILD (2018): Merz ist Millionär vom vom 14.11.2018, https://www.bild.de/politik/inland/politik-inland/friedrich-merz-der-millionaer-der-sich-zur-oberen-mittelschicht-zaehlt-58420590.bild.html
18 Bertelsmann Stiftung; Ifo-Institut (2022): Gefühlt ungerecht: Gerechtigkeitsempfinden in Deutschland.
19 Inklusive Sonderzahlungen; Statistisches Bundesamt (2022): Tabelle: Durchschnittliche Bruttoverdienste von Vollzeitbeschäftigten nach Wirtschaftsbereichen im Jahr 2022 E17/36236100–9404.
20 Die Werte beziehen sich auf das Jahr 2019.
21 Dorn, F.; Gstrein, D.; Neumeier, F., Peichl, A. (2023): Mittelschicht in Deutschland leicht geschrumpft, ifo Schnelldienst, 2023, 76, Nr. 08, 29–36; Bertelsmann Stiftung & OECD (2021): Bröckelt die Mittelschicht?
22 Statistisches Bundesamt (2024): Lohn- und Einkommensteuerstatistik 2020.
23 Eigene Berechnung, Statistisches Bundesamt (2024): Lohn- und Einkommensteuerstatistik 2020.
24 Zum einen, weil diese teilweise in vermögensverwaltenden Gesellschaften angespart werden und deshalb nicht als steuerpflichtiges Einkommen zählen. Und zum anderen werden Kapitaleinkommen teils mit der pauschalen Abgeltungssteuer besteuert (25 Prozent zzgl. Solidaritätszuschlag). Diese Steuer wird meistens direkt von den beteiligten Banken von den Kapitalerträgen abgezogen und an die Finanzämter abgeführt. In der Steuererklärung müssen diese Einnahmen dann nicht mehr angegeben werden. Dementsprechend

werden sie nicht personenbezogen erfasst.

25 Das SOEP ist eine der ältesten und umfangreichsten Haushaltsbefragungen in Deutschland.

26 Grabka, M. M. (2024): Niedriglohnsektor in Deutschland schrumpft seit 2017, DIW Wochenbericht 5/2024, S. 67–76. Spannagel, D.; Brülle, J. (2024): Ungleiche Teilhabe: Marginalisierte Arme – verunsicherte Mitte. WSI-Verteilungsbericht 2024. WSI Report Nr. 98, November 2024.

27 Sachverständigenrat für Wirtschaft (2023): Jahresgutachten 2023/24.

28 Statistisches Bundesamt (2024a): Armutsgefährdungsschwelle und Armutsgefährdung (monetäre Armut) im Zeitvergleich und Armutsbericht und Der Paritätische Gesamtverband (2024): Armutsbericht 2024.

29 Schaefer, T.; Peichl, A.; Fuest; C. (2006): Die Flat Tax: Wer gewinnt? Wer verliert? Eine empirische Analyse für Deutschland; FiFo Discussion Papers – Finanzwissenschaftliche Diskussionsbeiträge 06–6, University of Cologne, FiFo Institute for Public Economics.

30 OECD (2024): Taxing wages 2023.

31 Die Holding-Gesellschaft muss lediglich auf 5% der Ausschüttung Körperschaft- und Gewerbesteuer zahlen. Daraus ergibt sich ein effektiver Steuersatz von rund 1,5%. Wenn die Beteiligung mindestens 15% beträgt, entfällt die Gewerbesteuer, und der effektive Steuersatz liegt nur noch bei etwa 0,75%.

32 Jirmann J.; Trautvetter C. (2024): Wie wird Reichtum in Deutschland besteuert? Analyse der Besteuerung eines Multi-Millionärs sowie von Milliardären anhand verschiedener Modellrechnungen.

33 Eigene Berechnungen für das Jahr 2023 unter Verwendung des Lohnrechners https://www.lohnspiegel.de/brutto-netto-rechner-13812.htm. Berechungen für die BMW-Erben: Vgl. Jirmann, Trautvetter (2024): Wie wird Reichtum in Deutschland besteuert? Hinweis: Besserverdiener, Konzern-Vorstände und Eigentümer großer Unternehmen sind in der Regel privat versichert. Hier werden vereinfachend die Beitragssätze zugrundegelegt, die bei der gesetzlichen Versicherung anfallen würden.

34 Ohne Inflationsbereinigung. Inflationsbereinigt hat sich das Vermögenseinkommen etwa um den Faktor 60 erhöht.

35 Eigene Berechnung auf Grundlage von OECD Taxing Wages Germany 1998 und 2023.

36 Wissenschaftlicher Dienst (2018): Überblick über die Körperschaft- und Gewerbesteuer von 1998 bis heute.

37 Bach, S.; Beznoska, M.; Steiner, V. (2016): .Wer trägt die Steuerlast

in Deutschland? Steuerbelastung nur schwach progressiv.
38 Alstadsæter, A.; Godar, S.; Nicolaides, P.; Zucma, G. (2023): Global Tax Observatory Report 2024.
39 Domhoff, D.; Rothgang, H. (2021): Beitragssatzeffekte und Verteilungswirkungen der Einführung einer »Solidarischen Gesundheits- und Pflegeversicherung.
40 Elsässer, L.; Hense, S.; Schäfer, A. (2017): Dem Deutschen Volke«? Die ungleiche Responsivität des Bundestags.
41 Bundesbank (2023): Monatsbericht April 2023 und Credit Suisse (2024): Global Wealth Report 2024.
42 Credit Suisse (2024): Global Wealth Report 2024.
43 Bundesbank (2024): Distributional Wealth Accounts: zeitnahe Daten zur Vermögensverteilung der privaten Haushalte – Monatsbericht April 2024.
44 Likaj, X.; Fricke, T. (2023): Gefühlt oder real – Wie ungleich sind Vermögen in Deutschland verteilt? Eine Bestandsaufnahme auf der Basis neuer Erkenntnisse
45 Pickety, T. (2014): Das Kapital – im 21. Jahrhundert, C.H. BECK, München. Beckert, J. (2013): Erben in der Leistungsgesellschaft, Campus Verlag. Fratzscher, M. (2016): Verteilungskampf – Warum Deutschland immer ungeleicher wird, HANSER.
46 Albers, T.; Bartels, C.; Schularick, M. (2022): Wealth and its Distribution in Germany, 1895–2018 CESifo Working Paper No. 9739.
47 Bundesbank (2024): Distributional Wealth Accounts: zeitnahe Daten zur Vermögensverteilung der privaten Haushalte – Monatsbericht April 2024.
48 Bundesministerium für Wirtschaft und Klimaschutz (2024): Vermögensungleichheit in Deutschland und Europa Neue Daten der EZB.
49 Bartels, C.; Bönke, T.; Glaubitz, R.; Grabka, M.; Schröder, C. (2023): Rentenvermögen macht Großteil des Vermögens der ärmeren Bevölkerungshälfte in Deutschland aus, in DIW Wochenbericht 45 / 2023, S. 625–631.
50 Bundesbank (2022): »Private Haushalte und ihre Finanzen« (PHF)
51 Statistisches Bundesamt (2022): Pressemitteilung Nr. 140 vom 31. März 2022
52 Allerdings eignet sich der Gini-Koeffizient zumindest für die Messung der Entwicklung von Vermögensungleichheit nur bedingt, weil er die hohe Zahl an Haushalten ohne Vermögen nicht ausreichend berücksichtigt. Besser eignen sich Methoden, die den Anteil von einzelnen Gruppen am Gesamtvermögen und die Abstände zwischen diesen Gruppen bestimmen.
53 Bundesbank (2024): Distributional Wealth Accounts: zeitnahe

Daten zur Vermögensverteilung der privaten Haushalte – Monatsbericht April 2024 und Schröder, C.; Bartels, C.; Göbler, K.; Grabka, M. M.; König, J. (2020): MillionärInnen unter dem Mikroskop: Datenlücke bei sehr hohen Vermögen geschlossen – Konzentration höher als bisher ausgewiesen. In: DIW Wochenbericht 29 (2020), S. 511–521.

54 Bundesbank und Schröder, C.; Bartels, C.; Göbler, K.; Grabka, M. M.; König, J. (2020): MillionärInnen unter dem Mikroskop: Datenlücke bei sehr hohen Vermögen geschlossen – Konzentration höher als bisher ausgewiesen. In: DIW Wochenbericht 29 (2020), S. 511–521.

55 Albers, T.; Bartels, C.; Schularick, M. (2022): Wealth and its Distribution in Germany, 1895–2018 CESifo Working Paper No. 9739.

56 Jirmann, J., Trautvetter C. (2023): Milliardenvermögen in Deutschland: Lücken der Reichtumserfassung- und -besteuerung – Vorschlag für einen alternativen Reichtumsbericht. In: Working Paper Forschungsförderung, Hans-Böckler-Stiftung.

57 Bertelsmann Stiftug; Ifo-Institut (2022): Gefühlt ungerecht: Gerechtigkeitsempfinden in Deutschland.

58 UBS (2023): Billionaire Ambitions Report 2023.

59 Alvaredo, F.; Garbinti, B.; Piketty, T. (2017): On the Share of Inheritance in Aggregate Wealth: Europe and the USA, 1900–2010.

60 Tisch, D; Ischinsk, E. (2023): Top Wealth and Its Historical Origins: Identifying Entrenched Fortunes by Linking Rich Lists over 100 Years

61 Tiefensee, A.; Grabka M.; (2017): Das Erbvolumen in Deutschland dürfte um gut ein Viertel größer sein als bisher angenommen, in DIW Wochenbericht 27 / 2017, S. 565–571.

62 Barscl, K.; Eulitz, H.; Fachinger, U.; Grabka, M. M. (2021): Hälfte aller Erbschaften und Schenkungen geht an die reichsten zehn Prozent aller Begünstigten. In: DIW Wochenbericht 5 (2021), S. 63–71.

63 Jirmann, J. (2022): Steuerprivilegien bei Erbschaften und Schenkungen: Auswirkungen auf die Verteilungsgerechtigkeit in Deutschland. Friedrich-Ebert-Stiftung.

64 Geyer S. (2024): Neue Zahlen vom Statistischen Bundesamt Ostlöhne noch immer 21 Prozent unter Westniveau, rnd am 14.4.2024.

65 Reiser, M.; Vogel L.; Lorenz, A.; Kollmorgen, R. (2023): Elitenmonitor – Befunde aus einem Forschungsprojekt zur personellen Unterrepräsentation der Ostdeutschen in den Eliten 2018–2023,

66 Alvaredo, F.; Garbinti, B.; Piketty, T. (2017): On the Share of Inheritance in Aggregate Wealth: Europe and the USA, 1900–2010.

67 Um eine doppelte Besteuerung zu vermeiden, wurde das Vermögen, das in einem Unternehmen steckt, nur mit 0,6 Prozent besteuert,

weil das Unternehmen selbst 0,5 Prozent Vermögensteuern zahlen musste

68 Trautvetter, C., Alka, M. (2024): Keine Angst vor Steuerflucht – 100 Jahre demokratische Gegenmaßnahmen und ihre Bedeutung für die Besteuerung deutscher Milliardenvermögen.

69 Seit 2006 dürfen die Bundesländer den Steuersatz in Eigenregie festlegen. Aktuell liegt der Durchschnitt etwas über 5 Prozent und der höchste Steuersatz von 6,5 Prozent wird in Berlin, Brandenburg, Nordrhein-Westfalen, das Saarland, Schleswig-Holstein und Thüringen fällig.

70 Hinter den 33,5 Millionen Einheiten stehen Wohnungen, Einfamilienhäuser und Geschäftsgrundstücke, die der sogenannten Grundsteuer B unterliegen. Hinzu kommen noch 4,3 Millionen land- und forstwirtschaftliche Grundstücke, auf die Grundsteuer A anfällt. Das Aufkommen der Grundsteuer A lag 2023 bei rund 400 Millionen Euro.

71 Albers, T.; Bartels, C.; Schularick, M. (2022): Wealth and its Distribution in Germany, 1895–2018 CESifo Working Paper No. 9739.

72 Dullien, S; Iglesias, S.G.; Hüther, M.; Rietzler, K. (2024): Herausforderungen für die Schuldenbremse: Investitionsbedarfe in der Infrastruktur und für die Transformation. IMK Policy Brief Nr. 168, Mai 2024.

73 Thiele, A. (2023): Der grundgesetzliche Rahmen für die Wiedereinführung einer Vermögensteuer.

74 Jirmann, J.; Trautvetter C. (2024): Milliardär_innen gerecht besteuern - Eine deutsche Perspektive auf den brasilianischen G20-Vorschlag zu einer global koordinierten Steuer für Hochvermögende.

75 Bundesministerium der Finanzen (2022): Eine Vermögensteuer kann Deutschland sich nicht leisten: Gastbeitrag von Christian Lindner für das Handelsblatt.

76 Rappen, H. (1989): Vollzugskosten der Steuererhebung und der Gewährung öffentlicher Transfers. In: RWI-Mitteilungen – Zeitschrift für Wirtschaftsforschung, Bd. 40.1989, 3, S. 221–246.

77 Die Einnahmen aus der Vermögensteuer lagen im Jahr 1996 bei rund 9 Milliarden DM. Ein Verwaltungsaufwand von 20 Prozent entspricht rund 1,8 Milliarden DM. Die Kosten für einen Finanzbeamten inkl. Gemeinkosten lagen schätzungsweise bei rund 100.000 DM.

78 Drucksache 12/737 v. 21.02.1996.

79 Bach, S.; Thiemann, A. (2016) : Hohes Aufkommenspotential bei Wiedererhebung der Vermögensteuer, in: DIW Wochenbericht, Vol. 83, Iss. 4, pp. 79–89.

80 Trautvetter C.; Alka M. (2024): Keine Angst vor Steuerflucht – 100 Jahre demokratische Gegenmaßnahmen und ihre Bedeutung für die Besteuerung deutscher Milliardenvermögen.
81 Liegt die Wohnfläche des Familienheims bei über 200 qm und ist der persönliche Freibetrag von 400.000 Euro bereits durch weitere Vermögenstransfers aufgebraucht, kann anteilig Erbschaftsteuer fällig werden.
82 OECD (2023): OECD-Wirtschaftsbericht 2023.
83 Jirmann, J. (2023): Steuerprivilegien bei Erbschaften und Schenkungen – Auswirkungen auf die Verteilungsgerechtigkeit in Deutschland.
84 <https://www.bundesverfassungsgericht.de/SharedDocs/Entscheidungen/DE/2014/12/ls20141217_1bvl002112.html>.
85 Bis zu einem Vermögen von 90 Millionen Euro darf die Befreiung zudem noch teilweise angewendet werden.
86 Jirmann, J. (2022): Steuerprivilegien bei der Erbschaft- und Schenkungsteuer Demnach wurden in den Jahren 2009–2020 rund 80 Prozent der Vermögen über 20 Millionen Euro verschenkt. Dieser hohe Wert ist allerdings maßgeblich durch die Vorzieheffekte der Reform im Jahr 2016 beeinflusst.
87 Bundesverband Deutscher Stftungen (2024): Bundesverband veröffentlicht Jahreszahlen 2023 – Beliebtheit des Stiftens ungebrochen.
88 Jirmann, J. (2024): Erneut Steuererlasse in Milliardenhöhe für Erben von Großvermögen.
89 U.a. zu den Gründen: Jirmann, J. (2023): Amicus Curae – Stellungnahme an das Bundesverfassungsgericht im Rahmen der Verfassungsbeschwerde unmittelbar gegen den Beschluss des BFH v. 17.1.22 – II B 49/21 – das Urteil des FG Münster v. 6.5.21–3 K 3532/19 Erb- und den Erbschaftsteuerbescheid des Finanzamts Detmold in der Fassung der Einspruchsentscheidung v. 24.10.2019 – sowie mittelbar gegen das Erbschaftsteuer- und Schenkungssteuergesetz (ErbStG) 2016 <https://www.netzwerk-steuergerechtigkeit.de/wp-content/uploads/2023/06/Stellungnahme-BVerfG-finale-Version-2.pdf>.
90 Az.: 1 BvR 804/22.
91 Wissenschaftlicher Beirat beim BMF (2012): Die Begünstigung des Unternehmensvermögens in der Erbschaftsteuer, Gutachten 01/2012.
92 OECD (2021): Inheritance Taxation in OECD Countries, OECD Tax Policy Studies, No. 28.
93 Vgl. hierzu: Corneo, G. (2017): Ein Staatsfonds, der eine soziale Dividende finanziert, Discussion Papers 2017/13, Free University Berlin,

School of Business & Economics; Bach, S. (2022): Erbschaftsteuer: Privilegien abschaffen.

94 IWF – Internationaler Währungsfonds 2021, Giving Everyone a Fair Shot; OECD (2021): Inheritance Taxation in OECD Countries. OECD. OECD (2023): OECD Wirtschaftsberichte: Deutschland 2023.

95 Im Juni 2021 gab die Stiftung Familienunternehmen die Gründung der »Stiftung Familienunternehmen und Politik« bekannt. Diese ist nicht gemeinnützig und übernimmt die Funktion des Lobbyismus sowie den Sitz im »Haus des Familienunternehmens«.

96 ZDF (2022): Die Wahrheit übers Erben. Warum Reiche immer reicher werden.

97 Röttger T. (2023): Die Lobbymacht der »Familienunternehmer« <https://www.abgeordnetenwatch.de/recherchen/lobbyismus/die-lobbymacht-der-familienunternehmer>.

98 Röttger T. (2023): Die Lobbymacht der Familienunternehmer.

99 Lobbyregister des Deutschen Bundestag, Auszug vom 1.07.2024.

100 Trautvetter C.; Alka, M. (2024): Keine Angst vor Steuerflucht – 100 Jahre demokratische Gegenmaßnahmen und ihre Bedeutung für die Besteuerung deutscher Milliardenvermögen.

101 Bundesverband Deutscher Stiftungen (2024): Entwicklung des Stiftungsektors in Deutschland 2000–2023, Nr. 21 Stand 4/2024.

102 Schulz-Sandhof, K.; Schupp, J. (2022): Reiche Haushalte in Deutschland spenden relativ zum Einkommen weniger als ärmere Haushalte, in: DIW Wochenbericht 46 / 2022, S. 595-605

103 Statistisches Bundesamt (2024): Pressekonferenz »Bruttoinlandsprodukt 2023 für Deutschland« am 15. Januar 2024 in Berlin.

104 Giovanazzi, C.; Victor, V. (2024): Unternehmensvermögen in Deutschland – Zur Rolle der börsennotierten Familienunternehmen, Working Paper Forum New Economy Nr. 5.

105 Daneben fällt – wenn ein Freibetrag von 24.500 Euro überschritten wird – auch noch Gewerbesteuer an. Die aber bei der Einkommensteuer fast vollständig angerechnet werden kann, sodass sie letztlich nicht zusätzlich anfällt. Den Personengesellschaften steht zudem die Möglichkeit offen, Gewinne günstiger besteuert einzubehalten (28,25 Prozent). Diese sogenannte Thesaurierungsbegünstigung soll Personengesellschaften steuerlich den Kapitalgesellschaften annähern.

106 U.a. MacCarthy, B.L.; Atthirawong, W.(2003): International Journal of Operations & Production Management, in: International Journal of Operations & Production Management und Wagner-Endres, S.; Wolf, U.; Landua, D. (2017): Standortfaktoren für Unternehmen -

die kommunale Sicht, in: Difu Papers.

107 Wissenschaftliche Dienste des Bundestags (2018): Überblick über die Körperschaft- und Gewerbesteuer von 1998 bis heute.

108 Europäische Kommission (2024): Tax revenue by type of tax, https://webgate.ec.europa.eu/taxation_customs/redisstat/databrowser/view/TAX_TYPE/default/table?lang=en&category=TAX_REVENUE

109 Trautvetter C. (2024): Why the EU needs an excess profits tax – an explorative analysis of the biggest and most profitable companies.

110 Seit 2023 steigen die Zinsen zwar wieder und deshalb gehen die Kaufpreise zurück, aber auf die Mieten schlägt sich das noch nicht nieder.

111 Voigtländer M. (2020): Entwicklung von Löhnen und Mieten – dreiteiliges Deutschland. Konon, A. (2023): Marktanalyse, Teure Stadt, Günstiges Umland – Mietkostenquoten in den A-Städten und Umgebung.

112 Schumann, H.; Schmidt N. (2022): Schmidtie Steuerprivilegien die Wohnungsnot vergrößern, Investigate Europe.

113 Trautvetter C. (2023): Immobilienmilliardäre und ihre Bedeutung für den Wohnungsmarkt.

114 Fuest, C.; Hey, J.; Spengel, C. (2021): Vorschläge für eine Reform der Immobilienbesteuerung, ifo Schnelldienst 0018–974.

115 Bach, S.; Eichfelder S. (2021): Reform der Immobilienbesteuerung: Bodenwerte belasten und Privilegien streichenDIW Wochenbericht 27/2021, S. 463–470.

116 Jirmann, J.; Trautvetter, C. (2024): Jahrbuch Steuergerechtigkeit 2024.

117 Neumeier, F.; Stöhlker, D., Zamorski, P.; (2024): Wie gewonnen, so zerronnen – Effekte einer Mehrwertsteuersenkung am Beispiel von Damenhygieneprodukten, in ifo Schnelldienst, 2024, 77, Nr. 08, 03–31.

118 Ausführlich hierzu: Vollmer, F. (1998): Das Ehegattensplitting. Eine verfassungsrechtliche Untersuchung der Einkommensbesteuerung von Eheleuten, Baden-Baden.

119 Becker, J. (2022): Ehegattenbesteuerung in Deutschland, Bertelsmann Stiftung.

120 Sachverständigenrat für Wirtschaft (2023): Jahresgutachten 2023/24.

121 OECD (2023a): OECD-Wirtschaftsberichte: Deutschland 2023; IWF (2019): »Tax Pressures and Reforms Options«. In: Deutschland, Selected Issues, IMF Country Report No. 19/214. Washington, D.C.: International Monetary Fund, UN – Committee on the Elimination

of Discrimination against Women (2017): Concluding observations on the combined seventh and eighth periodic reports of Germany vom 9.3.2017.

122 Ausführlich zur schrittweisen Rückführung: Jirmann, J. (2024): Überlegungen zur Abschaffung der Steuerklassenkombination III/V und schrittweisen Überwindung des »Ehegattensplitting«

123 Spangenberg, U. (2016): Das Ehegattensplitting: Steuer- und verfassungsrechtliche Aspekte aus Gleichstellungssicht, GPS-Expertise für den Zweiten Gleichstellungsbericht der Bundesregierung, Institut für gleichstellungsorientierte Prozesse und Strategien, Berlin.

124 Bach, S.; Haan, P.; Wrohlich, K. (2022): Abschaffung der Lohnsteuerklasse V sinnvoll, ersetzt aber keine Reform des Ehegattensplittings, DIW Wochenbericht 10/2022, S. 15.

125 Deutscher Bundestag, Antwort der Bundesregierung auf die Kleine Anfragen von Abgeordneten und der Fraktion BÜNDNIS 90/DIE GRÜNEN – BT-Drs. 19/18127.

126 Tisch, D.; Schecht M. (2024): The gender (tax) gap in parental transfers. Evidence from administrative inheritance and gift tax data l Socio-Economic Review.

127 Fast 85 Prozent der rund 1,6 Millionen Alleinerziehenden im Jahr 2022 laut Statistischem Bundesamt.

128 20,5 Prozent der Frauen ab 65 waren im Jahr 2021 armutsgefährdet, bei den Männern ab 65 waren es 17,5 Prozent. Vgl. Statistisches Bundesamt (2023): Gender Pension Gap: Alterseinkünfte von Frauen 2021 fast ein Drittel niedriger als die von Männern.

129 Stock share gender.

130 The White House (2023): Bidenomics Is Working: The President's Plan Grows the Economy from the Middle Out and Bottom Up—Not the Top Down.

Danksagung

Ich danke allen, die mich bei diesem Buchprojekt unterstützt haben. Ein besonderer Dank gilt meinen Kollegen Christoph Trautvetter und Yannick Schwarz sowie Franziska Vollmer. Ebenso danke ich Cederic Döllefeld und Tim Drappich für ihre wertvollen Hinweise und Anmerkungen, und meinem Lektor Alexander Behrens für die Idee, ein Buch zu schreiben. Nicht zuletzt geht mein Dank an Max, der zwar keine Steuern zahlt, aber durch emotionale Unterstützung einen entscheidenden Beitrag geleistet hat. Für alle nicht entdeckten Fehler trägt natürlich allein die Autorin die Verantwortung.

Über die Autorin

Julia Jirmann, Betriebs- und Volkswirtin sowie Wirtschaftsjuristin, leitet den Bereich Erbschaft & Vermögen sowie Einkommensteuer des Netzwerks Steuergerechtigkeit e. V. Zuvor war sie tätig für die Beratungsgesellschaft KPMG AG im Bereich International Tax sowie als Referentin für den Bund der Steuerzahler. Sie ist Mitglied der Kommission »Recht der sozialen Sicherung & Familienlastenausgleich« des Deutschen Juristinnenbundes.